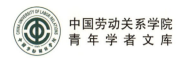
中国劳动关系学院
青年学者文库

世界社会主义运动史的光辉一页

A GLORIOUS PAGE IN THE HISTORY OF THE WORLD SOCIALIST MOVEMENT

第一国际总委员会（1864～1876）

The First International General Commission（1864-1876）

黄 帅 著

社会科学文献出版社
SOCIAL SCIENCES ACADEMIC PRESS (CHINA)

前　言

第一国际是世界上第一个政党性的国际工人组织。1864 年 9 月 28 日，英国伦敦圣马丁堂欢迎法国工人代表团的群众大会的举行，标志着第一国际的正式诞生。在成立大会上，选出了国际代表大会闭会期间的领导中心——临时中央委员会（1864 年 10 月 18 日改为"中央委员会"，1866 年 9 月又改为"总委员会"，最终以"总委员会"的称谓载入史册）。自 1864 年第一国际建立之日起直至 1872 年海牙代表大会的召开，总委员会的驻地设在英国伦敦。海牙代表大会之后，驻地迁往美国纽约。作为沟通工人组织、工人团体之间联系的领导机关和执行机关，总委员会主要负责组织、领导国际的各项事务，具体包括积极促进工人团体之间的沟通、互助和合作，及时了解和掌握工人运动的情况和态势；做好社会调查工作，组织讨论各直属机构（国际支部）、附属机构（附属团体）、宣传机构（国际机关报）等提出的具体问题，联合各团体一致行动，其自身性质、产生方式、机构设置、运行机制、组织关系等众多方面均散发着民主制的气息。

第一国际总委员会经历了组建时期（1864～1865）、初创时期（1866～1869）、发展时期（1870～1872）和衰落时期（1873～1876）四个阶段。在组建时期，总委员会组建执行机构，制定第一国际的纲领和章程，又着手建立并巩固直属机构；在初创时期，总委员会开始壮大人员队伍，细化总委员会委员分工，扩大直属机构、附属机构的规模；在发展时期，总委员会逐步进行改组，权力得到进一步扩大，又成立了专门委员会细化职能分配，提高运行效率；在衰落时期，已经将驻地迁往纽约的总委员会，组织内部出现了公开的分裂，财政也遇到了极为严峻的困难，在逐步失去了与各直属机构（各国国际支部）的联系之后，渐渐走向了衰亡。

总委员会伴随着第一国际存在的 12 年间，在汇聚了思想、组织、运动等多方面实践经验的基础之上，构建了由执行机构（常务委员会）、直属机构（国际支部）、附属机构（附属团体）和宣传机构（国际机关报）共同组成的组织模式。总委员会在第一国际内部扮演着领导者、决策者、仲裁者、利益表达者等多重角色。当然，第一国际总委员会在第一国际中处于领导中心地位（代表大会闭会期间）的关键不单单在于权力的行使，更在于其社会动员功能、宣传联络功能、思想领导功能的有效发挥，形成了会议机制与委员机制相结合、民主协商机制与民主表决机制相结合、集体领导机制与个人分工负责机制相结合的三位一体、互动发展的运作机制，推动第一国际整个组织系统在全世界范围内广泛扩张。

在总委员会的领导下，第一国际的范围覆盖了欧、美、非三大洲 18 个国家，遍及 14 个欧洲国家（英国、法国、德国、意大利、西班牙、葡萄牙、荷兰、比利时、瑞士、奥地利、波兰、匈牙利、俄国、丹麦）、3 个美洲国家（美国、阿根廷和墨西哥）和 1 个非洲国家（阿尔及利亚）。总委员会广泛的实践活动，既传播了科学社会主义，又团结了各国无产阶级；与此同时，也推动了各国无产阶级政党的建立，促进了工人之间广泛的联络和工人组织、工人团体之间的频繁交流，加强了无产阶级在世界范围内的团结和广泛联合，获得了当时第一国际思想的"宣传者"、国际工人运动的"联络人"的殊荣。总委员会伴随第一国际仅存的 12 年间，一直处于既肩负着崇高的历史使命，又处于实际能力有限的矛盾处境，但在其组织性质、组织原则、组织结构、组织关系、组织运作等众多方面留下了丰厚的历史功绩和经验启示。总委员会作为第一国际代表大会闭会期间的领导中心，在世界社会主义运动史上谱写了光辉灿烂的一页。

Introduction

The First International is the first international worker organization with property of political party in the world. On-September 28, 1864, in order to welcome the French workers' delegation, the public conference was held at the St. Martin's Church in London, which mark the formal birth of the First International. The conference was also named the First International Congress. In the conference, the Provisional Central Council was voted as the highest international leading office and executive office during the intersessional period, (later known as the Central Council, in September 1866 and renamed the General Council, and ultimately the name of the General Council in history). From the establishment of the First International in 1864 to representative conference in Hague in 1872, headquarters of the Council was located in London and then settled to New York after the Hague Conference. The general Council acts as vital role in connecting mutual help and communication between communities, and also is responsible for organizing and leading international affairs, as well as actively promoting communication, mutual assistance and cooperation among workers' groups, and understanding and mastering situation-sand circumstances of workers' movements; conducting good social investigation, organizing the discussion of the specific issues raised by the various groups, uniting groups and so on. The general Council is full of atmosphere of democracy through its own nature, production methods, institutional settings, operational mechanisms, organizational relations and many other aspects.

The General Council of The First International experienced four stages including the building period (1864 – 1865), the start-up period (1866 – 1869), the development period (1870 – 1872) and the twilight period (1873 – 1876). In the building period, the General Council appointed a permanentagency (a small Council) to draft and formulated the first international program and constitution, and to proceed with the establishment and consolidation of the branches of its affiliated institutions in other countries; during the start-up period, the General Council began to increase its staff, to refine the division of the members in the General Council, and to expand the scale of its subsidiary agencies (to join the international workers' organizations) ; in the development period, the General Council began gradual reorganization for increasing its power further and set up a special Council to refine the functions distribution for improving operational efficiency; in the declining period, the General Council has settled to New York, which not only faced with internal split in public but also encountered severe difficulties in finance. Finally, the General Council gradually lost contacts with the immediate agencies (international branches) and disappeared.

The General Council was continuously exploring and developing in the 12 years of existence of the First International. On the basis of the integration of ideas, organization, movements and other practical experience, the General Council established the three-dimensional pattern of interactive development including the permanent agencies (Permanent Council), direct agencies (international branch), affiliated agencies (affiliated organizations) and propaganda agencies (International News). The General Council played many roles such as leader, decision maker, arbitrator, interest expression, which not only exercised of rights but also made the most of organizational function (social mobilization function, promotion of the communication function, ideological leadership function). It contributed a lot to the great expansion of trinity effective operation promoting the organization system in the world with the combination of conference mechanism and committee mechanism, the combination of democratic consultation mechanism and democratic voting mechanism, the combination of collective leadership mechanism and personal responsibility mechanism.

Under the leadership of the General Council, the scope of First International covered 18 countries distributed in three continents including 14 European countries (UK, France, Germany, Italy, Spain, Portugal, the Netherlands, Belgium, Switzerland, Austria, Poland, Hungary, Russia, Denmark), three American countries (the United States, Argentina and Mexico) and one African country (Algeria). In process of practice, the General Council spread scientific socialism, united the proletariat in many countries, laid the foundation for the establishment of proletarian parties in various countries, promoted extensive mutual contacts in workers and frequent communication in workers' organizations, enhancing the international union of the whole working class and also winning the honor of international thought with the "propagandist" and the "contact person" of the international workers' movement. Although the life span of General Council was only 12 years, it faced with lofty historical mission to play with the actual capacity of the contradictory situation and left us a huge historical achievements and experience inspiration in aspects of organizational nature, organizational principles, organizational structure, organizational relations, organizational operations. The General Council, acting as the supreme governing agency and executive office of the First International during the intersessional period, wrote a glorious page in the vast history of the world socialist movement.

目 录
CONTENTS

导　论

一　缘由与意义

第一国际是世界上第一个政党性的国际工人组织。1864 年 9 月 28 日，英国伦敦圣马丁堂欢迎法国工人代表团的群众大会的举行，标志着第一国际的正式诞生。第一国际总委员会是第一国际①代表大会闭会期间的领导中心。总委员会伴随着第一国际的创立而产生，在 1864 年 9 月 28 日圣马丁堂群众大会上以临时中央委员会的名义出现，自 1864 年 10 月 18 日起正式称为中央委员会，1866 年夏更名为总委员会，最终以"总委员会"的称谓载入史册。第一国际总委员会主要致力于筹备国际代表大会、规定代表大会议程、接受国际支部及国际组织加入国际、组织全体委员讨论工人运动中最迫切的问题、监督各国劳动条件的调查工作、传播第一国际思想、协调全国性组织与地方性组织之间的关系等工作。

① 国际工人协会于 1864 年 9 月 28 日在英国伦敦诞生，简称"第一国际"或"国际"。第一国际存在的 12 年（1864～1876）间，先后召开了 9 次重大会议、393 次总委员会会议，发展会员约 100 万人，在欧、美、非三大洲 18 个国家先后建立过支部。第一国际以"国际联合""跨国发展"的实践形态，闪耀在世界历史和政治的舞台上，在国际共产主义运动的历史上占据着重要地位，同时也为世界社会主义运动的发展起到了巨大的推动作用。

第一国际将无产阶级革命运动推向了建立无产阶级政权的新高度，也将被压迫民族的解放斗争与世界无产阶级革命紧密地联系了起来，在当时获得了"第七强国"[①]的地位，在世界社会主义运动史上谱写了光辉的一页。第一国际这些历史成就的取得，离不开总委员会的中心领导，也离不开总委员会思想领导、社会动员、宣传联络等重要组织功能的有效发挥。马克思曾这样说过："总委员会本身是协会中为保持协会的统一和防止敌对分子篡夺所必要的有效力量之一。"[②] 总委员会作为第一国际代表大会闭会期间的领导中心，已成为"世界上第一个共产党共产主义者同盟1852年解散之后、第二国际1889年成立之前两者之间承前启后、继往开来的桥梁和引擎"[③]，为世界无产阶级革命运动的发展发挥了不可替代的作用，留下了不可磨灭的历史功绩。因此，当下研究第一国际总委员会仍然具有重要的理论价值和现实意义。

（一）理论价值

第一，从科学社会主义理论的研究角度，研究第一国际总委员会有助于清晰地把握科学社会主义理论的内容和发展脉络。

科学社会主义理论诞生的重要标志是《共产党宣言》的发表。《共产党宣言》于1848年2月21日在英国伦敦第一次以单行本问世（1848年2月24日正式出版）。自其问世之日起，科学社会主义理论已经走过了170余年的风风雨雨。第一国际活动的12年间，正处于科学社会主义基本理论形成和发展的重要时期，是科学社会主义发展的第一阶段。第一国际刚刚成立不久，总委员会（当时称

---

① 《马克思恩格斯文集》（第3卷），人民出版社，2009，第457页。
② 《马克思恩格斯全集》（第33卷），人民出版社，1973，第436页。
③ 高放：《第一个政党性的国际工人组织——第一国际光芒四射》，《中国延安干部学院学报》2014年第1期。

为临时委员会）特别任命九人组成小委员会，专门负责起草第一国际的纲领和章程①，这不仅为当时的国际工人运动指明了正确的道路和方向，同时也是科学社会主义理论在新的历史条件下继续发展的重要体现。伴随着科学社会主义理论通过第一国际在全世界范围内的不断传播，各种机会主义思潮的反抗也日益激烈，他们大肆开展阴谋篡权、分裂国际的活动。总委员会密切注视各种机会主义的分裂破坏活动，并连续召开会议围绕第一国际的性质、任务、革命道路等方面的问题与各种机会主义展开激烈的讨论和斗争。第一国际总委员会在维护团结反对分裂、反击各种机会主义对第一国际诽谤的过程中，也进一步丰富和发展了科学社会主义思想，特别是深化了对马克思主义政党学说的认识。"在社会主义政党政治视域下，第一国际继共产主义者同盟开启了社会主义政党政治序幕之后，以新的组织形态、理论观点和政治实践的互动发展，改变了资本主义政党政治一统天下的政治局面，为其后的第二国际、共产国际以及被压迫民族国家内社会主义政党政治的兴起与发展，留下了丰厚的思想创造与实践创新的历史遗产。尽管第一国际社会主义政党政治实践具有明显的'地域性'以及发展阶段上的'初级性'和实践中的'尝试性'，但无论在组织载体、价值指向、活动内容，还是在思想指导、实践模式以及策略原则等方面，都对社会主义政党政治的深入发展具有奠基意义和开创价值。"② 因此，加强对第一国际

---

① 此处特指《国际工人协会成立宣言》（马克思写于1864年10月21日和27日之间，载于1864年11月5日《蜂房报》第160号《1864年9月28日在伦敦朗一爱克街圣马丁堂举行的公开大会上成立的国际工人协会的宣言和临时章程》）和《协会临时章程》（马克思写于1864年10月21日和27日之间，载于1864年11月在伦敦出版的小册子《1864年9月28日在伦敦朗一爱克街圣马丁堂举行的公开大会上成立的国际工人协会的宣言和临时章程》）。
② 王韶兴：《第一国际的共产主义活动与社会主义政党政治逻辑》，《中国社会科学》2015年第11期。

总委员会的研究，有助于清晰地把握科学社会主义理论的内容和发展脉络，具有重要的理论价值。

第二，从国际共运史研究角度看，研究第一国际总委员会有助于全面了解 19 世纪 60、70 年代欧洲乃至国际工人运动的真实状态，清晰反映这一时期世界社会主义运动的历史面貌。

19 世纪 50 年代末 60 年代初欧洲工人运动重新高涨，第一国际的诞生使得欧洲工人运动开始逐步摆脱资产阶级思想体系、宗派主义和改良主义思潮的影响和控制，第一国际以科学社会主义思想指引欧洲工人运动重新觉醒。总委员会在体察欧洲社会状况的基础上，团结工人阶级，支持工人运动和民主运动，提高工人群众的思想觉悟，指导国际工人运动沿着正确的路线顺利发展。这一时期欧洲工人运动由经济斗争逐步转向政治斗争，社会主义与欧洲工人运动结合得越来越紧密，突出的表现是欧洲各国无产阶级独立政治组织的建立（典型代表即德国社会民主党的建立），这标志着国际工人运动进入了一个崭新的阶段。"1864 年 9 月 28 日第一国际在伦敦的建立是欧洲工人运动历史上的转折点"①，"它是第一个对欧洲政治局势产生过决定性影响的工人阶级组织"②，开启了欧洲工人运动的新纪元。"国际工人协会在每个欧洲国家的工人运动中都留下了深刻的印记"③，"它将马克思的思想主张传播给法国、德国、荷兰、比利时、俄罗斯、美国等新生的社会主义运动。尽管它的规模

---

① Henry Collins, Chimen Abramsky. Karl Marx and The British Labour Movement——Years of the First International ［M］. London：Macmillan Co LTD/New York·ST Martin's Press, 1965. （preface）v.

② Henry Collins, Chimen Abramsky. Karl Marx and The British Labour Movement——Years of the First International ［M］. London：Macmillan Co LTD/New York·ST Martin's Press, 1965. （preface）v.

③ Roger Morgan. The German Social Democrats and the First International, 1864 – 1872 ［M］. Cambridge：University Press, 1965. （preface）ix.

并不大，却辐射到了欧洲以外的其他地方"[1]。总委员会始终领导着第一国际致力于国际工人运动的浪潮之中，它由国际建立初期的"沟通各种互相合作的团体之间的联系的国际机关"[2] 逐步发展成为"有着自己集体制订的政策的领导机构"[3]，第一国际伟大的历史功绩是在总委员会的中心领导下取得的。因此，从国际共运史角度深入研究第一国际总委员会对全面了解19世纪60、70年代欧洲乃至全世界范围内的工人运动历史具有重要意义。

（二）现实意义

第一，从国际共运史研究角度看，加强对第一国际总委员会的研究有助于弥补当前国内学术界对第一国际总委员会的研究不足。

我国出版的有关第一国际的中文书籍，绝大多数属于译著或是文件资料档案汇编。截至目前，国内有关"第一国际"的研究专著只有四本：一是《第一国际》，介绍第一国际史[4]；二是《三个国际论丛》，有关第一国际与第二国际、第三国际的比较[5]；三是《马克思、恩格斯与第一国际》[6]；四是《三个国际的历史》，介绍第一国际、第二国际及第三国际的历史[7]。与"第一国际总委员会"相关的研究专著国内外均尚未出版。由此可见，关于"第一国际总委员会"的研究有待进一步深入、丰富和发展。自2010年起，

---

① Henry Collins, Chimen Abramsky. Karl Marx and The British Labour Movement——Years of the First International ［M］. London：Macmillan Co LTD/New York · ST Martin's Press, 1965. (preface) ⅵ.

② 《马克思恩格斯全集》（第16卷），人民出版社，1964，第17页。

③ 曹特金：《马克思与第一国际总委员会——纪念第一国际成立一百二十周年》，《世界历史》1984年第4期。

④ 张友伦：《第一国际》，商务印书馆，1971。

⑤ 高放等：《三个国际论丛》，东北师范大学出版社，1989。

⑥ 张汉清：《马克思、恩格斯与第一国际》，东北师范大学出版社，1996。

⑦ 高放等：《三个国际的历史》，中国青年出版社，1999。

由王学东教授主编的《国际共产主义运动历史文献》①几乎涵盖了第一国际的全部文献档案，其中第 5 卷至第 8 卷是有关"第一国际总委员会"的文献资料。充分利用、挖掘这些珍贵的文献档案，深化对国际共产主义运动的重要载体——第一国际的研究，特别是加强对第一国际的领导和执行机关——总委员会的研究，有助于弥补当前国内学术界对"第一国际"问题研究的不足。

第二，从完善社会主义实践的角度看，研究第一国际总委员会有利于加强中国共产党的自身建设和执政能力建设。

自 1847 年世界上第一个国际性的共产党组织——共产主义者同盟创立起，国际共运史走过了 170 余年的风风雨雨。虽然 1876 年第一国际自行解散了，但是它完成了自己的历史使命，推动了欧洲各国工人运动的发展。随后，世界工人运动进入了空前发展的时期，与此同时，迎来了以各个民族和国家为基础的群众性的社会主义工人政党建立的重要时期。如果将"共产主义者同盟"的创立比作社会主义政党建立的组织基础，把 1848 年《共产党宣言》的问世比作理论基础，那么，1864 年第一国际的建立及其活动就可以算得上是较为完整意义上的实践推进。在较为丰富的文献资料支撑下，通过对总委员会的组织制度、人事制度、财务制度的分析，我们可以清晰地看到，第一国际总委员会的组织原则、组织结构、关系结构、运行机制等都始终贯穿着民主制精神，总委员会只按照代表大会所赋予的职权办事，总委员会的委员由民主选举的方式产生，实行少数服从多数的原则，集体讨论、共同决定，总委员会的领导不按照主观意愿发号施令，不设置名誉主席，也不吸收名誉会员，没有造就个人崇拜的土壤……研究第一国际总委员会在组织、

---

① 王学东主编《国际共产主义运动历史文献》，中央编译出版社。

制度、机构、活动等诸多方面的经验，对当前中国共产党更好地坚持和发扬党内民主、保持党的先进性、提高党的领导能力和执政水平具有重要的现实意义。

二　文献综述

世界社会主义运动几经潮起潮落，第一国际在史学界的地位始终没有动摇。有关"第一国际总委员会"的研究均涵盖在"第一国际"相关问题的研究专著之中，截至目前，国内外尚未出版与"第一国际总委员会"相关的研究专著。国内外只出版了一些与其相关的基础性的文献，学术论文也少之又少，可供参考的研究成果并不充足。"第一国际总委员会"国内外的研究情况，具体如下。

（一）关于"第一国际总委员会"的国外文献综述

相比之下，国外理论界对"第一国际"研究的起始点更早，研究的角度更为宽泛，研究时间跨度更长，专著数量更多。时至今日，仍有诸多学者对"第一国际"作更为深入、细致的研究。但是有关"第一国际总委员会"除了涵盖在"第一国际"的相关国外专著之外，只有基础性文献可供挖掘和参考。这里需要说明的是，与"第一国际""第一国际总委员会"相关的专著有英文、法文、德文、俄文等多国语言，但是由于受到语言能力和语言水平的限制，笔者搜集、整理的国外相关专著、文献、文件、资料、档案均是英文的研究成果。

国外研究"第一国际"最早的专著是《国际（1864～1914年）》两卷本，俄文版，1918年于彼得格勒出版。1923年，苏联国家出版社又出版了其中的一部分，名为《第一国际》。纽约国际出版公司1928年出版的英译本是根据俄文第三版翻译的。在这之前也曾出版过与第一国际相关的文件记录。[①]《第一国际史》[②] 中包含了大量有关"总委员会"的内容，但是由于结构的设置，有关"总委员会"的内容没有集中、统一地编排在一起，而是零星散落在书中的各个部分，没有单独提炼出来。从书中可以深入挖掘出有关"第一国际总委员会"的建立情况、在第一国际中的地位、基本职能、与附属团体的关系、主要活动等相关内容。该书第一部分第4章第一次提到"总委员会"，"中央委员会在伦敦被建立，它由代表工人协会的来自各国的工人组成"[③]，指明了总委员会成立的地点和组成人员。关于总委员会在第一国际中的地位，文中指出"全部组织、机构的领导是中央委员会。它被代表大会选出并对其负责"[④]。书中阐述了总委员会的主要职能，比如邀请团体加入国际成为其附属团体、为工人运动提供可靠情报、派代表或访问团加强联络功能等，文中提到"中央委员会提出伦敦贸易委员会应该加入国际，如果这项提议被拒绝，那么国际就应该派代表出席他们的会议，为了后面的团体被告知关于欧洲大陆上罢工的发生情况"[⑤]。另外，还介绍了总委员会附属机构加入国际的情况，比如"根据中央委员会的声明，在日内瓦代表大会之前，15 个联盟加入了国际；洛桑代表大会之前有 13 个加入国际"[⑥]。同时，还提到了与直属机构、附属机构的关系问题，"每个国家的很多地区，不同的地区联合形成指导委员会（总委员会的直属机构——国际支部）。每一个分支在他们的活动中都是自治的，但是它们每一个又归总委

---

① 德国人 Gustav Jaeckh 著有《国际》，德国莱比锡图书有限公司 1904 年出版。
② 苏联人 G. M. Stekloff 著有《第一国际史》，于 1928 年在美国出版。
③ G. M. Stekloff. History of The First International [M]. New York: Russell & Russell, 1928. 50.
④ G. M. Stekloff. History of The First International [M]. New York: Russell & Russell, 1928. 80.
⑤ G. M. Stekloff. History of The First International [M]. New York: Russell & Russell, 1928. 64.
⑥ G. M. Stekloff. History of The First International [M]. New York: Russell & Russell, 1928. 64.

员会直接管理，它们服从于总委员会。当然也会接受国际的章程、代表大会的决议和组织的条例"①。

1937 年纽约国际出版社出版了《第一国际的相关发现——文件记录》②。1955 年出版了《三个国际的历史——世界社会主义者和共产主义运动者 1848 年至今的运动》③，该书第一部分重点介绍了第一国际的历史（1864～1876），通过 13 个重点问题清晰、全面地叙述了第一国际的历史，这 13 个重点问题分别为经济和政治的总体背景，科学社会主义，1848 年革命，1864 年第一国际的建立，工联主义、蒲鲁东主义、拉萨尔主义和巴枯宁主义，团结：日内瓦代表大会（1866），发展：洛桑代表大会和布鲁塞尔代表大会（1867～1868），巴枯宁主义：巴塞尔代表大会（1869），巴黎公社（1871），海牙代表大会的分裂（1872），无政府主义的国际（1872～1877），第一国际在美国（1872～1876），第一国际的历史角色（1864～1876）。书中第一次提到"总委员会"时指出，"中央委员会会临时领导第一国际这样的新组织"④。文中还提到了临时中央委员会的主要活动，"1864 年 10 月初，临时中央委员会召开了几次会议，会议的主题是选举国际工人协会的主要行政长官"⑤，"临时中央委员会立马准备为第一国际建立政治性的方案和条例"⑥。文中指出了总

---

① G. M. Stekloff. History of The First International ［M］. New York：Russell & Russell，1928. 80.

② Min，Leonard Emil. Fouding of the first International：a Documentary ［M］. New York：International Publishers，1937.

③ William Z. Foster. History of The Three Internationals ［M］. New York：International Publishers，1955.

④ William Z. Foster. History of The Three Internationals ［M］. New York：International Publishers，1955. 49.

⑤ William Z. Foster. History of The Three Internationals ［M］. New York：International Publishers，1955. 49.

⑥ William Z. Foster. History of The Three Internationals ［M］. New York：International Publishers，1955. 49.

委员会的主要实践活动，"在这一过渡时期，第一国际的总委员会密切关注波兰人民争取国家自由的运动"，"总委员会为英国工人争取投票权的运动给予了直接的援助"，"总委员会也持续关注美国内战"①。1957 年出版了《第一国际的重要时刻——1872 年海牙代表大会（相关文件集）》②。

20 世纪 60、70 年代迎来了国外"第一国际"研究型专著和"第一国际总委员会"基础文献的出版热潮，在这一时期出版的研究成果达到了峰值。60 年代有关"第一国际"的主要代表作有《第一国际在美国》③，全书分为 16 章，系统介绍了第一国际在美国的发展情况，其中也叙述了第一国际后期在欧洲的衰败，最后总结了第一国际在美国活动给人们留下的重要遗产。《卡尔·马克思和英国工人运动——第一国际的那些年》④，全书介绍了第一国际的建立过程、第一国际在英格兰的情况、关于第一国际想法的一些冲突、战争与巴黎公社的情况以及第一国际的最后阶段。《德国社会民主党和第一国际 1864～1872》⑤，全书总共设置为 7 章，首先介绍了德国的一些社会主义派别和 1864 年至 1865 年拉萨尔派和第一国际的情况，后面又分别阐述了国际工人运动活动家倍倍尔、社会主义革命家威廉·李卜克内西与第一国际于 1864 年至 1868 年在德国的情况，第五章还重点强调了 1866 年至 1869 年德国工人代表大

① William Z. Foster. History of The Three Internationals [M]. New York：International Publishers，1955. 67.

② Hans Gerth. The First International Mintutes of The Hague Congress of 1872 with Related Documents [M]. New York：The University of Wisconsin Press，1957.

③ Samuel Bernstein，The First International in America [M]. New York：Augustus M. Kelley，1962.

④ Henry Collins，Chimen Abramsky. Karl Marx and the British Labour Movement：Years of the First International [M]. London：Macmillan & Co；New York：St Martin's Press，1965.

⑤ Roger Morgan. The German Social Democrats and the First International，1864－1872 [M]. Cambridge：University Press，1965.

会是第一国际在德国活动的转折点，后面又介绍了 1869 年至 1872年爱森纳赫派和第一国际的情况，最后总结概括了第一国际在德国的重要性。该书思路清晰、内容详尽，真实反映了第一国际在德国的历史情况。1966 年还出版了有关"第一国际总委员会"的基础性文献《第一国际总委员会记录 1868～1870》[①]。

　　20 世纪 70 年代，出版的研究型的专著主要有两部。其一是《第一国际和里昂革命运动》[②]。该书是作者 1970 年在美国麦迪逊威斯康星州大学就读博士学位期间完成的博士论文。其二是《第一国际及其之后的活动》[③]（该书在 1981 年再版），书中包含了大量有关"第一国际"的文件资料以及马克思和恩格斯与各国工人活动家往来的信件资料。70 年代出版的著作绝大多数是与"第一国际"和"第一国际总委员会"相关的基础性文献，主要是会议记录和文件资料。1973 年由卡尔·马克思撰写、Saul K. Padover 编辑并翻译的《第一国际》[④]，书中涵盖了一系列有关"第一国际"的基础性文件、资料，具体包括演讲稿、国际的章程、会议报告、政策、方案、信件（给出版社的信和个人信件）、采访等。与"第一国际总委员会"相关的基础性文献资料基本上都是这一时期出版的，具有代表性的有以下几种：《第一国际总委员会会议记录：1864～1866》[⑤]《第一国际总委员会会议记录：1866～1868》[⑥]《第一国际

①　The General Council of the First International Minutes · 1868 - 1870 ［M］. Moscow: Progress Publishers, 1966.

②　Julian Pratt Waterman Archer. The First International and the Lyon Revolutionary Movement, 1864 - 1871 ［M］. Ann Arbor, Mich: UMI, 1971.

③　David Fernbach. The First International and After ［M］. London: Penguin/NLR, 1974.

④　Saul K. Padover. On the First International ［M］. New York: McGraw-Hill, 1973.

⑤　The General Council of the First International Minutes · 1864 - 1866 ［M］. Moscow: Progress Publishers, 1974.

⑥　The General Council of the First International Minutes · 1866 - 1868 ［M］. Moscow: Progress Publishers, 1974.

总委员会会议记录：1868～1870》① 《第一国际总委员会会议记录：1870～1871》② 《第一国际总委员会会议记录：1871～1872》③，其中，还有三本关于海牙代表大会的文件资料：《第一国际海牙代表大会：1872.9.2－7文件》④ 《第一国际海牙代表大会报告和文件》⑤ 《第一国际海牙代表大会记录和文件》⑥。

　　20世纪70年代过后，国外理论界对"第一国际"的研究热度日渐消退，80年代和90年代有关"第一国际"的研究专著只出版过两本。一本是《爱尔兰与第一国际》⑦，书中主要介绍了1864年至1870年爱尔兰的基本情况，第一国际是如何走向科克⑧、都柏林⑨的情况。另一本是《第一国际在法国1864～1872——它的产生、理论及影响》⑩，全书共分为两大部分：第一部分主讲国际的蒲鲁东主义的阶段，主要提到了第一国际的成立、第一国际从伦敦到日内瓦的情况以及回顾1864年至1868年蒲鲁东主义者在国际中的主要活动；第二部分则阐述了第一国际通过工会和罢工进行重新定向的重要问题。21世纪以来国外出版的有关"第一国际"的专著

① The General Council of the First International Minutes · 1868－1870 [M]. Moscow：Progress Publishers，1974.

② The General Council of the First International Minutes · 1870－1871 [M]. Moscow：Progress Publishers，1974.

③ The General Council of the First International Minutes · 1871－1872 [M]. Moscow：Progress Publishers，1974.

④ The Hague Congress of the First International ：September 2－7，1872：Documents [M]. Moscow：Progress Publishers，1978.

⑤ The Hague Congress of the First International ：September 2－7，1872：Reports and Letters [M]. Moscow：Progress Publishers，1978.

⑥ The Hague Congress of the First International ：September 2－7，1872：Minutes and Documents [M]. Moscow：Progress Publishers，1976.

⑦ Sean Daly. Ireland and the First International [M]. Cork：Tower Books of Cork，1984.

⑧ 科克（Cork），爱尔兰西南部城市，是仅次于首都都柏林的全国第二大城市。

⑨ 都柏林（Dublin），爱尔兰的首都，其靠近爱尔兰岛东岸的中心点。

⑩ Julian P. W. Archer. The First International in France，1864－1872 [M]. Lanham：University Press of America，1997.

不是很多，最具代表性也是迄今为止有关"第一国际"最新的国外研究论著是由 Woodford McClellan 于 2021 年出版的《俄国人在第一国际和巴黎公社》①。加拿大学者乔治·科米奈尔于 2019 年出版的《论马克思作品中的异化与解放》② 一书中，有专门的一章"马克思和第一国际中的政治"，也涉及了一部分与"第一国际"相关的研究。

国外发表的有关"第一国际"的学术论文始于 20 世纪 60 年代，发表热潮集中于 20 世纪末，研究角度较为宽泛。1965 年发表在《马克思主义季刊》（冬季刊）上的《第一国际工人协会一百周年纪念》③、《第一国际和人类的进步》④ 和《总委员会》⑤，是截至目前能搜索到的有关"第一国际"和"第一国际总委员会"的最早的学术文论。在研究成果中，有以时间阶段为节点对第一国际进行的分期研究，也有单独研究第一国际期间的重大历史事件；还有以第一国际在某一国家中的活动作为主要的研究对象，比如《第一国际在法国：1864～1872》⑥《革命处于僵持状态：1871 年巴黎公社的缩影》⑦ 等。2014 年是国际工人协会（即"第一国际"，简称"国际"）成立 150 周年，国外涌现出了一批文章以表

① Woodford McClellan. The Russians in the First International and the Paris Commune [M]. London；New York：Routledge, 2021.

② George C. Comninel. Alienation and Emancipation in the Work of Karl Marx [M]. New York：Palgrave Macmillan, 2019.

③ Jacques Dofny. Centenary of The First Working-Class International [J]. The Marxist Quarterly (winter), 1965. 5–16.

④ A. Dewhurst. The First International and Man's Progress [J]. The Marxist Quarterly (winter), 1965. 16–24.

⑤ In the General Council. [J]. The Marxist Quarterly (winter), 1965. 24–28.

⑥ Derfler, Leslie. The First International in France：1864–1872. American Historical Association. American Historical Review. April 1999, Vol. 104 Issue 2, p. 660.

⑦ Jeannene M. Przyblyski. Revolution at a Standstill：Photography and the Paris Commune of 1871. Yale French Studies, No. 101, Fragments of Revolution 2001, pp. 54–78.

纪念，其中极具代表性的有《第一国际历史的札记》①、《卡尔·马克思和第一国际的政治活动》②、《一百五十年后，国际工人协会留给我们的遗产》③ 以及《种族、国际主义和劳动：第一国际150周年的反思》④。

（二）关于"第一国际总委员会"的国内文献综述

我国出版的有关"第一国际"的中文书籍，绝大多数属于译著或是基础性文献（文件、资料、档案汇编等）。截至目前，国内有关"第一国际"的研究专著只有4本。其一是1971年张友伦撰写的《第一国际》⑤，该书虽然只有59页，但它却是我国最早的"第一国际"研究专著。全书总共分为6章，分别介绍了从共产主义者同盟到第一国际、第一国际的诞生、对各种机会主义流派的斗争、第一国际与巴黎公社、反对巴枯宁主义斗争的胜利以及第一国际的革命精神万古长存。其二是1996年张汉清撰写的《马克思、恩格斯与第一国际》⑥，书中除了较为详尽地介绍了第一国际的成立过程、第一国际的组织建设问题、第一国际历次代表大会的召开情况、第一国际的主要活动以及第一国际的解散和历史地位问题之外，还在序言中特别指出了马克思在第一国际中的地位和作用。其三是1989年高放等主编的《三个国际论丛》⑦，书中有关"第一国

---

① Documents from the International Working Men's Association. Socialism and Democracy, 2014. Vol. 28，No. 2，39 – 58.

② George C. Comninel Marx and the Politics of the First International，Socialism and Democracy, 08 Aug 2014. 63.

③ Vesa Oittinen，On the Legacy of the International Working Men's Association after 150 Years, Monthly Review. 2015. A pril. 30.

④ Bill Fletcher Jr. Race，Internationalism and Labor：Reflections upon the 150th Anniversary of the First International. Socialism and Democracy，2014. Vol. 28，No. 2，115 – 130.

⑤ 张友伦：《第一国际》，商务印书馆，1971。

⑥ 张汉清：《马克思、恩格斯与第一国际》，东北师范大学出版社，1996。

⑦ 高放等：《三个国际论丛》，东北师范大学出版社，1989。

际"的部分主要分为四个专题进行论述，包括第一国际的建立和马克思的贡献，第一国际时期马克思、恩格斯的工人阶级统一战线思想，第一国际和无政府主义，马克思、恩格斯和第一国际不列颠联合会委员会。其四是由高放等著的《三个国际的历史》①，该书总共 3 篇 28 个章节。第一篇为"第一国际——国际工人协会"，其中有一章专门论述了第一国际领导机关——总委员会的情况，文中精简地介绍了第一国际总委员会的产生、驻地、人员、机构和职能情况以及总委员会中主要活动家的情况。

我国出版的有关"第一国际"的译著数量颇丰，国内第一本有关"第一国际"的译著是 1930 年由吴树仁、张伯箴先生翻译的 G. M. Stekloff 的《第一国际史》②。我国理论界一直积极翻译国外学者有关"第一国际"问题的研究成果，较有代表性的有葆煦翻译的《第一国际》③，中国人民大学编译室组织翻译的《第一国际和第二国际简史》④，张文焕翻译的《第一国际史》⑤，刘永鑫、余克柔翻译的《第一国际》⑥ 以及杭州大学外语系俄语翻译组等翻译的《第一国际》⑦。

我国出版与"第一国际""第一国际总委员会"问题相关的基础性文献（文件、资料、档案汇编等）始于 20 世纪 50 年代末，并

---

① 高放等：《三个国际的历史》，中国青年出版社，1999。
② 〔苏〕G. M. Stekloff：《第一国际史》，吴树仁、张伯箴译，神州国光社，1930。
③ 〔苏〕巴赫：《第一国际》，葆煦译，人民出版社，1954。
④ 〔苏〕克利沃古斯、斯切茨凯维奇：《第一国际和第二国际简史》，中国人民大学编译室译，生活·读书·新知三联书店，1960。
⑤ 〔德〕耶克：《第一国际史》，张文焕译，生活·读书·新知三联书店，1964。
⑥ 〔苏〕尤·米·斯切克洛夫：《第一国际》，刘永鑫、余克柔译，生活·读书·新知三联书店，1974。
⑦ 〔苏〕巴赫、戈尔曼、库尼娜编《第一国际：第一卷（1864～1870 年）》，杭州大学外语系俄语翻译组译，生活·读书·新知三联书店，1980；〔苏〕巴赫、戈尔曼、库尼娜编《第一国际：第二卷（1870～1876 年）》，山东师范学院外语系俄语教研室译，生活·读书·新知三联书店，1981。

且一直延续至今。1958 年出版了《巴黎公社时期的第一国际总委员会会议录》①，1959 年中国人民大学马克思列宁主义教研室编写了《国际共产主义运动史资料汇编之三——第一国际》②。60 年代，出版了《第一国际的建立：文件集》③ 和《第一国际第二国际历史资料：第一国际》④。70 年代出版的与"第一国际"相关的基础性文献均是从苏联学者巴赫的研究成果中移借过来的，并且主题也均为"第一国际与巴黎公社"，其中包括《第一国际和巴黎公社——文件资料》⑤。80 年代出版的基础文献主要是与"第一国际"和"第一国际总委员会"相关的会议记录，其中包括《第一国际巴塞尔代表大会》⑥《第一国际总委员会会议记录：1864～1866 和 1865 年伦敦代表会议记录》⑦《第一国际总委员会会议记录：1871～1872》⑧。90 年代，只出版了顾锦屏主编的《第一国际伦敦代表会议文件（1871.9.17～23）》⑨。进入 21 世纪，由王学东教授主编、中央编译出版社出版了一整套《国际共产主义运动历史文献》，涵

---

① 苏联共产党中央委员会马克思、恩格斯、列宁学院编《巴黎公社时期的第一国际总委员会会议录》，华东师范大学历史系世界近代现代史教研组翻译组译，华东师范大学出版社，1958。

② 中国人民大学马克思列宁主义教研室编《国际共产主义运动史资料汇编之三——第一国际》，中国人民大学出版社，1959。

③ 〔美〕明斯编《第一国际的建立：文件集》，王庆成译，生活·读书·新知三联书店，1963。

④ 〔苏〕伊·布拉斯拉夫斯基编《第一国际第二国际历史资料：第一国际》，中国人民大学编译室译，生活·读书·新知三联书店，1964。

⑤ 〔苏〕巴赫主编《第一国际和巴黎公社——文件资料》（上下册），杭州大学外语系俄语翻译组译，生活·读书·新知三联书店，1978。

⑥ 〔苏〕阿多拉茨基主编《第一国际巴塞尔代表大会》，中国人民大学出版社，1983。

⑦ 《国际共产主义运动史文献》编辑委员会编译《第一国际总委员会会议记录：1864～1866 和 1865 年伦敦代表会议记录》，中国人民大学出版社，1986。

⑧ 《国际共产主义运动史文献》编辑委员会编译《第一国际总委员会会议记录：1871－1872》，中国人民大学出版社，1988。

⑨ 顾锦屏主编《第一国际伦敦代表会议文件（1871.9.17～23）》，中国人民大学出版社，1999。

盖了有关"第一国际"的全部文献档案，其中包括历次代表大会、代表会议和其他重要会议记录、决议和有关文件，收编材料齐全、译文准确，十分珍贵。

从20世纪30年代起直至今日，我国学者从未停止过有关"第一国际"的研究，国内陆续发表一系列与"第一国际"相关的学术论文，其中20世纪80年代的学术论文的发表情况达到了历史峰值。从1980年至1990年中国学术界总共发表学术论文75篇，约占（截至目前）发表文章总数（139篇）的54%。研究过程中，以1984年（第一国际成立120周年）为重要转折点，由此掀起了大范围的研究热潮。从此，国内关于"第一国际"的研究也进入更为客观、全面、崭新的研究阶段。研究方向也有所扩展，除了单纯研究第一国际史的历史脉络［如胡文建的《第一国际史著作概述（从十九世纪六十年代至二十世纪初)》①］之外，还有关于第一国际性质、组织原则、历史经验等方面的精细研究，如李景行的《国际工人协会性质初探》②、李靖宇的《第一国际在组织方面的经验值得借鉴》③以及李贯前的《略论第一国际的历史经验》④等。另外，随着时间的推移，国内关于"第一国际"的研究日益趋于完整，如有关第一国际与德国社会民主党的研究（如赵永清的《普法战争中的第一国际和德国社会民主党》⑤），有关马克思主义在第一国际中传播的研究（如张汉清的《第一国际时期马克思主义关于无

① 胡文建：《第一国际史著作概述（从十九世纪六十年代至二十世纪初)》，《当代世界与社会主义》1985年第1期。
② 李景行：《国际工人协会性质初探》，《郑州大学学报》1986年第5期。
③ 李靖宇：《第一国际在组织方面的经验值得借鉴》，《东北师大学报》1986年第1期。
④ 李贯前：《略论第一国际的历史经验》，《海南大学学报》（社会科学版）1986年第3期。
⑤ 赵永清：《普法战争中的第一国际和德国社会民主党》，《江苏社会科学》1991年第1期。

产阶级革命论的发展》①） 以及马克思、恩格斯在第一国际中的历史地位研究（如吴家宝的《恩格斯在第一国际史上的地位和功绩》②，汤润千的《恩格斯在第一国际创建时期的贡献》③，檀雪菲、王丽娟的《试论第一国际期间马克思的历史作用》④），还有关于第一国际与巴黎公社、第一国际与英国工人运动等的相关研究（如焦文峰的《第一国际和巴黎公社》⑤、符文洋的《英国工人运动与第一国际》⑥）。21 世纪以来，陆续刊发了一些与"第一国际"相关的重量级研究成果，其中极具代表性的有高放教授发表在《中国延安干部学院学报》2014 年第 1 期上的《第一个政党性的国际工人组织——第一国际光芒四射》⑦，冯景源教授发表在《南京政治学院学报》2017 年第 4 期上的《马克思主义"三者统一"发展的第三个理论驿站——第一国际时期无产阶级革命政党的锻造及其研究的意义》⑧，王韶兴教授发表在《中国社会科学》2015 年第 11 期上的《第一国际的共产主义活动与社会主义政党政治逻辑》⑨，林建华教授发表在《中国浦东干部学院学报》2017 年第 4 期上的《第一国

---

① 张汉清：《第一国际时期马克思主义关于无产阶级革命论的发展》，《国际政治研究》1985 年第 1 期。

② 吴家宝：《恩格斯在第一国际史上的地位和功绩》，《杭州师院学报》1985 年第 4 期。

③ 汤润千：《恩格斯在第一国际创建时期的贡献》，《国际共运史研究》1990 年第 4 期。

④ 檀雪菲、王丽娟：《试论第一国际期间马克思的历史作用》，《理论探讨》1998 年第 2 期。

⑤ 焦文峰：《第一国际和巴黎公社》，《扬州师院学报》1990 年第 2 期。

⑥ 符文洋：《英国工人运动与第一国际》，《开封教育学院学报》1990 年第 10 期。

⑦ 高放：《第一个政党性的国际工人组织——第一国际光芒四射》，《中国延安干部学院学报》2014 年第 1 期。

⑧ 冯景源：《马克思主义"三者统一"发展的第三个理论驿站——第一国际时期无产阶级革命政党的锻造及其研究的意义》，《南京政治学院学报》2017 年第 4 期。

⑨ 王韶兴：《第一国际的共产主义活动与社会主义政党政治逻辑》，《中国社会科学》2015 年第 11 期。

际、第二国际、第三国际的历史贡献新论》① 等。另外，也有许多青年学者投身"第一国际"的相关研究，如李晓光发表在《当代世界与社会主义》上的《马克思恩格斯对巴枯宁无政府主义的分析批判及其当代启示》②、乔境蓥发表在《聊城大学学报》上的《改革开放四十年来第一国际研究综述》③ 等，笔者先后发表了《恩格斯对第一国际的独立贡献》④《第一国际与巴黎公社的诞生》⑤ 等。

有关"第一国际总委员会"的学术论文，截至目前能搜索到的只有四篇，分别为曹特金的《马克思与第一国际总委员会——纪念第一国际成立一百二十周年》⑥、孟全生的《第一国际总委员会迁往美国的原因及其活动情况》⑦、张友伦的《第一国际纽约总委员会和北美联合会的关系及其主要活动》⑧ 以及冈·维索茨基的《第一国际总委员会委员哈里埃特·罗和她的马克思小传》⑨。

（三）关于"第一国际总委员会"研究的重点问题

有关"第一国际总委员会"的研究当前主要集中在以下两个研究热点上。第一，马克思、恩格斯与第一国际总委员会。以目前掌握的资料来看，国内外学者均认为马克思、恩格斯在国际总委员会

---

① 林建华：《第一国际、第二国际、第三国际的历史贡献新论》，《中国浦东干部学院学报》2017 年第 7 期。

② 李晓光：《马克思恩格斯对巴枯宁无政府主义的分析批判及其当代启示》，《当代世界与社会主义》2020 年第 3 期。

③ 乔境蓥：《改革开放四十年来第一国际研究综述》，《聊城大学学报》2019 年第 2 期。

④ 黄帅：《恩格斯对第一国际的独立贡献》，《江西社会科学》2015 年第 7 期。

⑤ 黄帅：《第一国际与巴黎公社的诞生》，《求索》2017 年第 3 期。

⑥ 曹特金：《马克思与第一国际总委员会——纪念第一国际成立一百二十周年》，《世界历史》1984 年第 4 期。

⑦ 孟全生：《第一国际总委员会迁往美国的原因及其活动情况》，《中国民航学院学报》1984 年第 1 期。

⑧ 张友伦：《第一国际纽约总委员会和北美联合会的关系及其主要活动》，《当代世界与社会主义》1986 年第 1 期。

⑨ 〔民主德国〕冈·维索茨基：《第一国际总委员会委员哈里埃特·罗和她的马克思小传》，《国际共运史研究资料》1986 年第 1 期。

中发挥了至关重要、不容忽视的作用。R. S. Kenny 认为马克思、恩格斯在总委员会的工作中发挥了重要作用。他指出，"马克思和他最亲密的合作者，以一种特殊的方式为总委员会贡献着力量是不可忽视的事实"[①]。张汉清认为，马克思全身心地致力于总委员会的各项工作之中，是真正意义上的组织者和领导者，在制定国际纲领与章程的任务、支持各国工人的罢工运动、声援被压迫民族的解放斗争和群众性民主运动、支持巴黎公社革命、反对侵略战争等一系列活动中都发挥着实际的领导作用。张汉清还引用了马克思写给恩格斯信中的内容力证马克思为总委员会的领导工作和各项事务劳心费力，信中这样说道："我每星期要到伦敦西头区或西蒂区参加三次群众大会，接着又要出席国际的委员会的会议，随后又是常务委员会的会议，还有《工人辩护士报》的理事会或股东会！"[②] 曹特金认为，没有人能够与马克思对总委员会作出的重要贡献相比拟，判定的依据是自 1864 年国际成立之日起直至 1872 年的海牙代表大会，马克思一直是总委员会和总委员会常设机构（小委员会）的委员，曹特金通过统计马克思出席总委员会会议的次数来证实马克思在总委员会中发挥的重要作用，她指出："据总委员会记录统计，1864 年至 1872 年总委员会设在伦敦期间，共召开过三百八十九次会议，马克思出席了二百四十八次，是出席会议和发言最多的委员之一。"[③] 曹特金赞同恩格斯的观点，认为总委员会驻地迁到纽约之前，马克思是每一届总委员会的灵魂。

---

① In the General Council ［J］. The Marxist Quarterly（winter），1965. 26.

② 《马克思恩格斯全集》（第 31 卷），人民出版社，1972，第 166 页。

③ 曹特金：《马克思与第一国际总委员会——纪念第一国际成立一百二十周年》，《世界历史》1984 年第 4 期。

第二，第一国际总委员会迁往美国的原因。从当前的研究成果来看，总委员会迁往美国的原因归结起来主要有三个方面。其一，第一国际总委员会已经无法在伦敦继续正常开展活动。孟全生认为，将驻地迁离伦敦的重要原因是自巴黎公社失败之后，欧洲的政治环境已经不适合第一国际的发展，反动政府实行的高压政策，使欧洲失去了安全保障。为了保证第一国际文件的安全，总委员会将驻地迁往纽约。孟全生从国际的外部环境来分析其处境，张汉清则从第一国际的内部环境来阐释总委员会驻地迁移的原因。他赞同孟全生的观点，巴黎公社失败是第一国际所面临的国内外形势变化的重要转折点。张汉清认为，巴黎公社失败之后，第一国际内部的分裂势力活动猖獗，巴枯宁派加紧了分裂第一国际、篡夺第一国际领导权的活动，第一国际内部矛盾尖锐，由此第一国际在伦敦失去了顺利活动下去的基础和条件，因此不得不选择离开伦敦。其二，为了防止各种机会主义、宗派主义篡夺总委员会的领导权。Samuel Bernstein 认为，将总委员会迁至美国的重要原因是"担心总委员会被布朗基主义、巴枯宁主义以及被拥有各自阴谋手段的团体篡夺了领导权"[①]。孟全生认为，总委员会"迁址的内部原因是由于某些派别对第一国际的事务不断地进行干扰和破坏，他们企图改变国际的原则，控制国际的组织。为了纯洁国际组织，总委员会非离开欧洲不可。从内部来说，对国际事务进行干扰和破坏的主要有三个派别：一是巴枯宁无政府主义集团，二是国际总委员会里的英国工联改良派，三是流亡到伦敦去的法国布朗基主义者。三者的观点虽不尽相同，但对国际

---

①　Samuel Bernstein, The First International in America ［M］. New York：Augustus M. Kelley, 1962. 165.

的事业都是一个严重的威胁"①。其三，美国是以第一国际名义开展活动的理想之地。正如马克思所说："美国正在成为一个以工人为主的世界，每年有 50 万工人迁移到这个第二大陆上来；国际必须在这块工人占优势的土地上深深地扎根。"② Samuel Bernstein 也指出，"总委员会迁往美国的自信来自于美国工人阶级巨大的潜力"③。张汉清认为，"美国除了具备安全和国际性这两个基本条件外，最主要的是美国是一个迅速发展的国家，工人运动蓬勃发展，而宗派主义者尚未在国际美国支部内占据什么地位"④。

三　基本概念界定

（一）第一国际

1864 年 9 月 28 日晚，英国伦敦圣马丁堂召开了国际工人协会成立大会，会议的胜利召开标志着国际性工人组织的正式诞生。同年 10 月 11 日正式定名为"国际工人协会"。在第一国际存在期间（1864 年至 1876 年），曾简称为"国际"或"协会"。1889 年第二国际建立之后，"国际工人协会"又简称"第一国际"。

第一国际是"第一个政党性的国际工人组织"⑤。乔治·科米奈尔在《马克思和第一国际的政治学》中提到，"政治革命是必要的，这就要求一个真正的、有实质性发展的无产阶级的政治机

---

① 孟全生：《第一国际总委员会迁往美国的原因及其活动情况》，《中国民航学院学报》1984 年第 1 期。

② 《马克思恩格斯全集》（第 18 卷），人民出版社，1964，第 180 页。

③ Samuel Bernstein, The First International in America ［M］. New York：Augustus M. Kelley, 1962. 165.

④ 张汉清：《马克思、恩格斯与第一国际》，东北师范大学出版社，1996，第 393 页。

⑤ 高放：《第一个政党性的国际工人组织——第一国际光芒四射》，《中国延安干部学院学报》2014 年第 1 期。

构"①。高放也认为，"从马克思为它起草的成立宣言和共同章程可以看出，它不是一般的群众性的国际工人组织，而是第一个政党性的国际工人组织"②。出自马克思手笔的国际纲领和章程是证明其具有政党性的重要标志，国际的生成条件、指导思想、政治纲领、组织章程、价值指向以及组织的实际领导权等诸多方面均是判定国际无产阶级政党性的重要依据。第一国际的成立"并不是某一个宗派或某一种理论的温室中的产物"③，而是"无产阶级运动自然发展的结果"④，其目的是要"把欧美整个战斗的工人阶级联合成一支大军"⑤，成为"追求工人阶级的保护发展和彻底解放的各国工人团体进行联络和合作的中心"⑥，"第一国际具有无产阶级政党属性并以'国际联合'和'跨国发展'的实践形态登上政治舞台"⑦。基于第一国际的实践内容和政治成果的基本事实，更可认定第一国际是政党性的国际工人组织。

依据《国际工人协会的共同章程和组织条例》⑧作出的科学判定，第一国际的目标是夺取政权、为实现工人阶级的解放而斗争。"（国际建立时期的这些文件）国际的成立宣言是对革命直接的呐

---

① George C. Comninel, Marx and the Politics of the First International, Socialism and Democracy, 08 Aug 2014. 63.

② 高放：《第一个政党性的国际工人组织——第一国际光芒四射》，《中国延安干部学院学报》2014 年第 1 期。

③ 《马克思恩格斯全集》（第 21 卷），人民出版社，2003，第 466 页。

④ 《马克思恩格斯全集》（第 21 卷），人民出版社，2003，第 466 页。

⑤ 《马克思恩格斯全集》（第 29 卷），人民出版社，2020，第 71 页。

⑥ 王学东主编《国际共产主义运动历史文献：第 5 卷（第一国际总委员会文献 1864～1867）》，中央编译出版社，2011，第 459 页。

⑦ 王韶兴：《第一国际的共产主义活动与社会主义政党政治逻辑》，《中国社会科学》2015 年第 11 期。

⑧ 《国际工人协会的共同章程和组织条例》是 1872 年经总委员会修改过的，以《成立宣言和临时章程》为蓝本，更进一步明确了第一国际的性质、任务、目标、组织要求等。《共同章程》参看《马克思恩格斯文集》第 3 卷第 226～229 页，《组织条例》参看《马克思恩格斯全集》中文第一版第 44 卷第 572～585 页。

喊，国际通过代表大会、代表会议来制定政策。国际存在的过程中，组织事业的目标都集中在精确的任务上：建设和联合、团结，为无产阶级提供政治工具。这并不是说马克思曾以任何方式很少地致力于革命，更不是说转换为改革。也不是说他和他的同伴独自地在国际成员中倡导革命。"①《国际工人协会共同章程》明确规定了工人阶级解放斗争的目标是争取平等的权利和义务，并消灭一切阶级统治，而不是争取阶级特权和垄断权，工人阶级要争取摆脱劳动资料垄断者的支配和控制，实现工人阶级自己控制和掌握劳动资料。虽然在纲领和章程中并未明确提出消灭私有制的思想，但其隐含了实现生产资料归社会所有的奋斗目标。"在社会中，人们为了争取真正的平等和自身的权利、逐步改变阶级力量的平衡，无产阶级以罢工为武器"②，"毫无疑问地马克思努力迈进了一大步，当然这也要归功于巴黎公社革命，工人运动更多地开始意识到为了更好地与资本主义进行斗争，他们需要去创造持久的、有序的政治组织形式（即政权）"③。

（二）总委员会

总委员会是第一国际代表大会闭会期间的领导中心。1864 年 9 月 28 日晚于伦敦召开的国际工人协会成立大会上，吕贝向大会介绍了法国工人阶级代表们提出的无产阶级国际联盟草案。该草案提议建立中央委员会，主要负责提出一系列问题，并在各国组织广泛的讨论。大会通过了威勒尔提出的决议案："我们听取了法国兄弟

---

① George C. Comninel, Marx and the Politics of the First International, Socialism and Democracy, 08 Aug 2014. 63.

② Vesa Oittinen, On the Legacy of the International Working Men's Association after 150 Years, Monthly Review. 2015. April. 31.

③ Vesa Oittinen, On the Legacy of the International Working Men's Association after 150 Years, Monthly Review. 2015. April. 32.

对我们宣言的答辩之后，再次向他们表示热烈的欢迎。鉴于他们的计划是为着一切劳动者的利益的，大会接受它作为国际协会的基础，并选举一个委员会，授权它增补新委员，委托它制定该协会的章程和条例。"① 为了实现决议案中"选举一个委员会"的目标，会议口头选派了一个临时委员会，即"临时中央委员会"，其内部成员有35人②（其中遗漏了奥哲尔、德尔、霍尔托普，总共应为35人），成分极为复杂。

总委员会从1864年10月18日起先称为"中央委员会"，1866年夏更名为总委员会，并以"总委员会"这个称谓载入史册。自1864年总委员会建立至1872年海牙代表大会，总委员会的驻地设立在英国伦敦。海牙代表大会之后，总委员会的驻地迁往了美国纽约。总委员会的职能是沟通工人组织和工人团体。在实际的运行过程中，总委员会所发挥的职能早已超越了章程所规定的范围。"总委员会负责组织、接纳、管理和领导'国际'在各国全国性和地方性的工人组织、团体，负责执行和监督国际在各国的联合会委员会、分部和支部执行代表大会和总委员会决议，负责代表'国际'同其他政党、组织和机关发生关系，负责'国际'下届代表大会或代表会议的全部筹备工作，等等。"③ 总委员会选聘其拥护者为委

---

① 〔苏〕巴赫、戈尔曼、库尼娜编《第一国际：第一卷（1864～1870年）》，杭州大学外语系俄语翻译组译，生活·读书·新知三联书店，1980，第49页；《蜂房报》1864年10月15日；俄文译文见《第一国际的建立》第10页。

② 据1864年10月1日《蜂房报》发表的大会报道，总共罗列了32位委员，他们是勃拉克摩尔、怀特洛克、福克斯、尼亚斯、诺勃尔、哈特威尔、格雷、斯坦司倍、韦斯顿、克里默、沃尔利、皮琴、鲁克拉夫特、朗梅德、勒·吕贝、惠勒、勒诺、拉马、埃卡留斯、特利姆勒脱、霍威尔、朱利斯、德瑞尔、肖·谢尔曼、奥斯旁、利查逊、法赛、高达特、卡斯立克、博凯、沃尔夫少校、马克思博士，其中遗漏了奥哲尔、德尔、霍尔托普，总共应为35人。另见张汉清《马克思、恩格斯与第一国际》，东北师范大学出版社，1996，第44页。

③ 高放等：《三个国际的历史》，中国青年出版社，1999，第73～74页。

员，总委员会内部又设有主席 1 人、总书记 1 人、财务委员 1 人、通讯书记若干。

（三）小委员会

"小委员会"亦称"常务委员会"，是总委员会的执行机关，随后也逐步发展成为总委员会的领导中心。常务委员会诞生于 1864 年 10 月 5 日临时中央委员会举行的第一次会议，根据威廉·德尔提议、特利姆勒特附议，需要任命一个小委员会负责拟定协会应该遵循的纲领、原则和章程。常务委员会由此衍生并发展，它并非产生于第一国际的纲领和章程的条文之中。后来选定了小委员会的 9 名组成人员，分别为惠特洛克、韦斯顿、马克思、吕贝、沃尔夫、霍尔、皮琴，以及当时总委员会的主席奥哲尔和书记克里默。常务委员会通常每周六晚上举行一次会议，后来"它逐渐成为'国际'和总委员会日常工作的指导中心"①。

四　研究方法

（一）文献研究法

本书通过多种手段收集了与"第一国际""第一国际总委员会"相关的学术专著、论文、档案、会议记录、报刊资料和网络资料，以丰富的文本资料奠定了该项研究的基础。通过对这些资料进行筛选、甄别和归纳整理，发现前人研究的不足并对其进行添补和拓展，对有偏差之处进行考证和勘误，力求在前人研究的基础上，通过深入挖掘、应用新材料，做到"老题新作"，有所突破。

（二）历史研究法

本书以"第一国际总委员会"作为研究对象，通过获取的大量

---

① 高放等：《三个国际的历史》，中国青年出版社，1999，第 74 页。

史实、史料，以 19 世纪 50 年代至 70 年代的整个欧洲大环境为背景，切入第一国际总委员会的组织体系，消化吸收国内外学者的大量文献资料，特别是一些反映西方学者最新研究成果的新观点以及深挖出一些历史细节，更加深入地研究相关问题，系统、全面又精细地提炼出本书的观点和结论。

五　创新与难点

（一）研究的创新之处

根据国内外学术界的研究成果分析，学者们比较关注"第一国际"主要实践活动及历史地位等方面的研究，专门系统研究"第一国际总委员会"的并不多。本书在借鉴国内外学术界研究成果的基础上，深入挖掘与"第一国际总委员会"相关的珍贵一手资料，对研究的空白之处进行弥补，粗疏之处进行细化，遗漏之处进行补充。同时，本书还将对第一国际时期国际工人运动活动家们的回忆录和人物传记进行梳理、整合，获取重要的史料和信息。最终力求宏观上精准评介第一国际总委员会在国际共产主义运动史上的历史功绩，中观上客观考察第一国际总委员会的组织功能，微观上精细梳理第一国际总委员会的组织结构、组织关系以及组织运作。

（二）研究的难点

从国内外学术界的研究状况来看，目前尚未出版与"第一国际总委员会"相关的研究专著，本书撰写可参考的专著并不多，甚至与其相关的论文也是少之又少。相比之下，与"第一国际""第一国际总委员会"相关的文件档案、会议汇编、历史资料却数不胜数，纷繁庞杂的历史资料需要深层次地挖掘、甄选和整理，这增添了本书撰写的难度。

第一章
第一国际的建立与总委员会的设置

一 第一国际的建立

（一）第一国际建立的背景

"建立国际不是某几个能干的政治活动家的事；世界上所有的政治活动家都不能创造出使国际获得成就所必需的那种局面和条件"①，"国际的新颖之点就在于它是工人们自己为自己建立的"②。第一国际建立的背景是多方面的，既有客观条件，又有主观条件，概括起来主要有以下五个方面。

第一，资本主义经济高速发展与周期性经济危机并存。

19 世纪 50、60 年代是自由资本主义发展的黄金时期。西欧、北美诸国基本上完成了工业革命，工业、农业、交通运输业、对外贸易等行业得到了史无前例的增长。1850 年英、法、德、美四国煤炭的总产量高达 6730 万吨，1860 年增至 11960 万吨；1850 年铁的总产量为 342 万吨，1860 年增至 612 万吨。19 世纪中叶，英国率

---

① 《马克思恩格斯全集》（第 17 卷），人民出版社，1963，第 467 页。
② 《马克思恩格斯选集》（第 3 卷），人民出版社，2012，第 1006 页。

先完成工业革命。以 1851 年伦敦大博览会①为开端，英国进入了"维多利亚大繁荣"时期。这一时期的英国，国内生产总值和人均国内生产总值都达到了 19 世纪的最高水平。"1850 年 9 月至 1860 年 9 月，英国工业产值（每十年）增长 27.8%，1860 年 9 月至 1870 年 9 月增长 33.2%，1870 年 9 月至 1880 年 9 月增长 20.8%。"②"到 19 世纪 70 年代，英国集权势、繁荣和财富于一身，伦敦成了世界首都，英镑成为国际通用货币。工业的发展、海上优势、强大的海军力量，使英国在相当长时期内在世界市场中处于垄断地位，英国资本从这个地位中汲取了无数的利益。"③ 在经济高速、蓬勃发展的同时，周期性经济危机频发。1857 年爆发了世界性经济危机，对英、法、德、比、美、俄等国均产生了消极影响。这场危机不仅席卷了生产领域，同时也影响了信贷和商业领域。1866 年爆发的经济危机，其破坏性更为深远。从 1873 年起，英国经济随即进入了"大萧条"时期。经济危机爆发之后，无产阶级的生活处境更为恶劣，这也加剧了无产阶级与资产阶级之间的矛盾。第一国际就诞生于资本主义经济高速发展与周期性经济危机并存的这样一个时期。

第二，民族民主运动蓬勃发展。

1848 年革命失败之后，很长一段时间欧洲进入了反动期。在这期间，顽固的封建统治者加强对民族民主运动的镇压和绞杀。很多人就此对革命丧失了信心，特别是一些小资产阶级和资产阶级。然而，国际无产阶级伟大导师马克思和恩格斯坚信革命高潮必将出

---

① 1851 年伦敦大博览会，全名为"万国工业博览会"（英文全称"Great Exhibition of the Works of Industry of All Nations"）。它是 1851 年 5 月 1 日至 10 月 11 日在英国伦敦召开的第一次世界性质的博览会，即工业革命成果的发布会。此次博览会有 6039195 名参观者参加，其参展内容囊括了工业、科技、文化等诸多领域，英国以此次博览会为标志确立了大英帝国"世界工厂"的主导地位。

② Francois Crouzet, The Victorian Economy, London: Methuen, 1989, p. 49.

③ 钱乘旦：《英国通史》（第 5 卷），江苏人民出版社，2016，第 39 页。

现，他们深刻总结了 1848 年革命失败的教训，给世界人民的民族民主运动指明了方向（后来的历史发展也进一步证实了这一判断的科学性和预见性）。

马克思曾这样指出："使西欧避免了为在大西洋彼岸永久保持和推广奴隶制进行可耻的十字军征讨冒险的，并不是统治阶级的智慧，而是英国工人阶级对于他们那种罪恶的疯狂行为所进行的英勇反抗。欧洲的上层阶级只是以无耻的赞许、假装的同情或白痴般的漠不关心态度来观望俄罗斯怎样侵占高加索的山区要塞和宰割英勇的波兰。"① 简短的语句却道出了 19 世纪上半叶欧洲、美洲所处的真实情形，当时的欧洲大陆除法国之外（当时的法国已基本实现了民族与国家的统一）都面临着进行资产阶级民主革命和民族革命的双重任务。除了沙皇俄国，哈布斯堡王朝统治下的奥地利帝国也是压迫、统治许多弱小民族的重要君主国，意大利、捷克、波兰、匈牙利、南斯拉夫等国均在其统治之下。德意志帝国长期处于内部割据、四分五裂的状态之下，美国南部地区深受奴隶主的压迫，他们要为争取民族独立、民族与国家的统一而不懈奋斗。

1857 年由美国货币危机引发了第一次世界范围内的经济危机，随后向实体经济蔓延，又逐渐波及了主要资本主义国家。一阵又一阵的破产波浪，为民族民主运动提供了蓬勃发展的重要契机。1848 年的革命后"立即唤醒一切被压迫民族起来要求独立和自己管理自己事务的权利"②。民族矛盾日益突出，激发了被压迫民族起来反抗、要求独立的斗志和热情。19 世纪上半叶具有代表性的民族民主运动主要有以下几个。1853 年至 1856 年，欧洲列强为争夺势力

① 王学东主编《国际共产主义运动历史文献：第 5 卷（第一国际总委员会文献 1864～1867）》，中央编译出版社，2011，第 391～392 页。

② 《马克思恩格斯文集》（第 2 卷），人民出版社，2009，第 398 页。

范围爆发了克里木战争，以沙皇俄国的失败告终，沉重打击了欧洲反动势力。1859 年意大利爆发了争取民族解放与统一的斗争，同年，在德国也兴起了民族统一的运动。1861 年至 1865 年美国北方人民进行了反对南方奴隶主叛乱的南北战争。1863 年至 1864 年波兰人民举行反对沙俄殖民统治、争取国家民族独立的民族起义。一直忍受着欧美资本主义国家殖民之害的印度、中国、越南、波斯、朝鲜等国也先后掀起了反对殖民国家压迫和反对封建势力的革命运动。其中，以 1857 年至 1859 年的印度民族大起义和 1851 年至 1864 年的中国太平天国运动最具代表性。

第三，无产阶级在夹缝中成长。

无产阶级的产生是在世界历史范围内的一个渐进过程，它与资本主义生产关系的出现和发展、与工业革命的历史条件密切相连。由于各国工业发展水平的不同，不同国家无产阶级形成的特征也不尽相同。英国是非常典型的工业革命国家，其无产阶级的特点具有普遍性规律；法国无产阶级产生的速度缓慢，空间集中程度较低，具有分散性特点；德国的工业革命开始于 19 世纪 30 年代，晚于英法两国，其无产阶级的人数不多、成分复杂、发展较慢；美国无产阶级的成分具有很大的流动性，欧洲移民是美国无产阶级的重要组成部分，黑奴制度是造成美国无产阶级形成缓慢和发展不平衡的重要原因之一。到 19 世纪 60 年代，也就是第一国际建立初期，欧美主要资本主义国家的无产阶级已经形成并逐渐走向成熟，正如恩格斯在《共产党宣言》1890 年德文版序言中曾指出的那样，"当欧洲工人阶级又强大到足以对统治阶级政权发动另一次进攻的时候，产生了国际工人协会"[1]，其具体情况如下。

---

[1] 《马克思恩格斯文集》（第 2 卷），人民出版社，2009，第 20 页。

　　伴随着产业结构的调整，社会结构、阶级结构也发生了重要变化。资本主义国家由农业社会转变为工业社会，整个社会被分裂为两大对立阶级——资产阶级和无产阶级。经济的蓬勃发展带来了工人数量增多，越来越多的人依靠工资为生，而不再是独立的生产者。"60 年代欧洲的产业工人已达 874 万，手工业工人有 1123 万人。"[①] 第一国际成立初期，欧美无产阶级的生存状况大致有以下几方面特征。

　　一是无产阶级工资收入普遍偏低，无法维持日常生活。在工业革命进程中，"在任何地方，工人阶级各个阶层的工资基本上都不能维持起码的最低生活"[②]。自由主义者梅勒维医生曾于 19 世纪 30 年代中期考察了法国一些重要的纺织中心工人的劳动条件和生活条件。调查发现，每 100 名棉纺织工人中几乎有 2/3 的人的工资不能满足最起码的需要；工人平时的伙食中没有肉，也没有糖，更谈不上他们如何去交房租、买衣服和纳税。恩格斯用 21 个月的时间亲身观察英国工人阶级状况，他发现英国工人阶级所面对的是"生活状况的不稳定"、过着"挣一天吃一天的日子"[③]，工资收入根本无法满足日常开支。恩格斯指出，英国工人阶级在贫困中挣扎，"积蓄对他一点用处也没有，因为他存的钱，最多也只能维持他几个星期的生活，而他一失业，就不会仅仅是几个星期的事"[④]。

　　二是劳动条件恶劣，工伤事故频发。"工业革命……把工人完全变成了简单的机器。"[⑤] "工厂车间狭小拥挤，温度高，湿度大，

---

①　高放等：《三个国际的历史》，中国青年出版社，1999，第 31 页。
②　苏联科学院国际工人研究所编《国际工人运动历史和理论问题》（第一卷），彭质纯、罗岭、邱榆若译，工人出版社，1988，第 174 页。
③　《马克思恩格斯文集》（第 1 卷），人民出版社，2009，第 429 页。
④　《马克思恩格斯文集》（第 1 卷），人民出版社，2009，第 430 页。
⑤　《马克思恩格斯选集》（第 1 卷），人民出版社，2012，第 89 页。

通风差，粉尘多，废气浓，工人的劳动条件异常恶劣。"① 在没有任何劳保措施的情况下，工人在生产过程中遭遇不幸事故的情况屡见不鲜。"最常见的是打伤工人的手：男女工人被机器声震得耳朵发聋，长时期的单调的生产操作弄得人疲惫不堪，所以他们的手常常碰到传动机构的轮子上。在矿井里由于没有安装相应的支架，经常发生崩塌事故，由于没有及时采取措施排除矿井瓦斯而常常引起火灾；冶金工人时常被烧伤、失明等等。"②

三是工人阶级队伍内部存在着大量的女工和童工。资本家大多以女工和童工劳动效率低下为借口，支付给女工的劳动报酬普遍低于男工，儿童劳动的报酬更是低于女工。虽然在 19 世纪头几十年里开始颁布了一些关于儿童劳动细则的法令③，但这些法令很少改变儿童的状况，一般没能付诸实施。"在 19 世纪 50 年代早期，英国工业城镇奥德姆死于结核病的人数是全国平均数的 2 倍。而 25 ~ 35 岁的妇女则是平均数的 3 倍。"④ 女工、童工和男工一样，成为资本家的劳动工具，沦为恶劣生产、生活环境的牺牲品。性别和年龄在他们身上没有任何差别和社会意义，有的只是劳动报酬的多寡之分。

四是生活异常艰难，健康状况不断恶化。第一国际成立之前，除了一些工人贵族之外，总的来说，绝大多数的无产阶级生活窘迫，居住条件简陋拥挤、肮脏不堪；与此同时，他们的身体

---

① 钱乘旦：《英国通史》（第 5 卷），江苏人民出版社，2016，第 213 页。

② 苏联科学院国际工人研究所编《国际工人运动历史和理论问题》（第一卷），彭质纯、罗岭、邱榆若译，工人出版社，1988，第 180 页。

③ 在英国有 1802 年、1819 年的法令，在普鲁士有 1839 年的法令，在法国有 1841 年的法令，在俄国有 1845 年的法令。

④ Mary Lynn McDougall, Working-Class Women During the Industrial Revolution, 1780 – 1914. Renate Bridentbal, Claudia Koonz. Becoming Visible Women in European History. Boston: Houghton Mifflin Company, 1977, p. 261.

普遍衰弱，健康状况不断恶化。一方面，常年营养不良、缺衣少食、工作条件恶劣使得他们更容易患瘰疬、佝偻病、肺结核、猩红热、伤寒、热病等疾病；另一方面，贫困问题致使他们在患病之后又无法得到有效的治疗，因而死亡率极高。"利物浦上等阶级（贵族、自由职业者等等）的平均寿命是 35 岁，商人和收入较好的手工业者是 22 岁，工人、短工和一般雇佣劳动者只有 15 岁。"①

五是痛苦沮丧是无产阶级社会心理的普遍特征。无产阶级由于长期处于被压迫、被忽视的地位，他们的身体和心理饱受折磨。痛苦沮丧是这一时期无产阶级普遍的社会心理特征，消极悲观是无产阶级精神状态的常态。劳动的强制性、贫困问题、健康问题是持续困扰着无产阶级的难题，这也导致了他们逐渐丧失职业兴趣，甚至滋生对工厂的极端反感和厌恶情绪。第一国际成立初期，无产阶级的生存状况，正如法国史学家里乌所描述的那样"工人的世界就是病人的世界"②，恩格斯把这一状况比作资产阶级对工人阶级的"谋杀"③。

第四，欧美工人运动的重新高涨。

恩格斯曾这样描述 19 世纪 40 年代英国无产阶级中存在的现象，他说："一些人温驯地屈服于自己的命运，安分守己，得过且过，对世界上发生的事情不闻不问，帮助资产阶级把束缚工人的锁链锻造得更结实，他们还处于工业时代以前的那种死气沉沉的精神状态；另一些人则听天由命，玩世不恭，在失去外部的稳定依托以

---

① 《马克思恩格斯文集》（第 1 卷），人民出版社，2009，第 420 页。
② 苏联科学院国际工人研究所编《国际工人运动历史和理论问题》（第一卷），彭质纯、罗岭、邱榆若译，工人出版社，1988，第 184 页。
③ 《马克思恩格斯文集》（第 1 卷），人民出版社，2009，第 409 页。

后，又失去内心的稳定依托，过一天算一天。"① 1848 年革命失败之后欧美工人运动一度出现沉寂的消极局面，但到了 19 世纪 50 年代中后期，欧美各国无产阶级的状况与恩格斯在 1844 年、1845 年所描写的情况有所不同，无产阶级与资产阶级之间的阶级对立关系更加清晰，其自身也发生了明显变化，无产阶级开始了不间断的反对资产阶级、争取自身利益的斗争和探索。欧美工人运动的重新高涨是第一国际建立的重要历史前提。工业革命始于 18 世纪，直至 19 世纪中叶基本完成。工业革命改变了资本主义国家传统的产业结构，"1856 年，英国将近 1/3 的劳动力从事制造业"②，"到 19 世纪末，全国 3/4 的人口居住在城市，农业的地位已经无足轻重。工业以现代的机器大生产为主体，稠密的铁路网遍及全国，国民财富的很大一部分由海外投资组成"③。19 世纪上半叶的欧洲，资本主义与封建主义的较量已经进入了白热化阶段，在错综复杂的阶级关系和阶级斗争中，无产阶级在夹缝中得以成长、壮大。

第一国际成立之前，无产阶级已经开始进行了不间断的斗争和探索。一方面，工人们开展了有组织的罢工斗争和政治活动。在英国，1859 年伦敦建筑工人举行了大罢工，打破了 1848 年革命失败之后欧洲工人运动的沉寂、消极局面；在法国，1863 年第二帝国立法团选举时，巴黎工人提出了自己的候选人。1864 年，经过一系列的罢工和其他形式的斗争，法国工人们迫使波拿巴政府宣布废除了禁止工人罢工、集会和结社的霞不列法。另一方面，无产阶级还建立了代表自身阶级利益的工人组织。在德国，1862 年 2 月，莱比锡

---

① 《马克思恩格斯文集》（第 1 卷），人民出版社，2009，第 432 页。
② Robert Charles Oliver Mattews, C. H. Feinstein, John C. Odling-Smee, Economic Growth, 1856 – 1973, Stanford University Press, 1982, pp. 4 – 5.
③ Francois Crouzet, The Victorian Economy, London: Methuen, 1982, p. 12.

的先进工人毅然退出自由资产阶级创办的"工人教育协会"，单独成立了"前进工人政治协会"，并于同年 5 月、6 月先后建立"全德工人联合会"和"德意志工人协会联合会"。在美国，1857 年于纽约建立了"共产主义者俱乐部"，1863 年成立了全国性质的工人联合会。此外，在欧洲其他国家，如意大利、比利时、瑞士、丹麦、西班牙等国，工人运动也先后活跃起来，逐渐开始组织罢工斗争，建立了代表自身阶级利益的工人组织。

19 世纪 60 年代欧洲各国工人运动高涨，其突出的特点主要有两个。其一，无产阶级开始走上了独立探索的自主之路。反谷物法和宪章运动将无产阶级与中等阶级（小资产阶级）之间的较量拉到了明处，无产阶级愈发意识到他们与资产阶级、中等阶级之间利益的对峙，阶级差异、政治分野也开始逐步崭露头角，正如恩格斯在《美国工人运动》中提到的那样，经历了多年，欧洲的无产阶级才完全相信自己已形成了一个特殊的、固定的阶级。由此，无产阶级迫切要求建立自己的组织开展独立的斗争。其二，马克思恩格斯创立的科学社会主义在当时还没有确立主导地位。第一国际建立之前，马克思主义仅在少数先进的工人之中传播，而各种非科学社会主义在工人中广为流传。正如恩格斯所说："在 1864 年，运动本身的理论性质在整个欧洲，即在群众中间，实际上还是很模糊的，德国共产主义还没有作为工人政党而存在。"① 第一国际就是在 19 世纪 60 年代欧美各国工人运动开始复苏、重新高涨并蓬勃发展的背景下诞生的。

第五，无产阶级国际联合的要求与日俱增。

19 世纪 60 年代，无产阶级逐步认识到资本主义生产的胜利带

---

① 《马克思恩格斯文集》（第 10 卷），人民出版社，2009，第 398 页。

来的是无产阶级的贫困和社会的不公，同时也认识到他们与资产阶级、小资产阶级之间根本利益的不同。资产阶级通过从国外输入廉价劳工的办法来破坏工人们的罢工运动，另外还通过联合反动政府的手段残酷镇压国内、国外的革命运动。这些残酷的现实更是警醒无产阶级要充分认识到阶级联合的必要性和重要性，要将无产阶级斗争的自发性、反抗性同组织性紧密联系起来。第一国际在各国无产阶级国际联合意识愈为强烈的基础之上产生，正如马克思所说："国际工人协会并不是某一个宗派或某一种理论的温室中的产物。它是无产阶级运动自然发展的结果，而无产阶级运动又是由现代社会自然的和不可抗拒的趋势所产生的。"① 这种 "阶级团结" 和 "阶级联合" 的趋势、愿望和要求主要有三个渊源。

　　一是组织来源。第一国际不是凭空建立的，在它建立之前吸收、借鉴、汲取了许多工人组织的纲领、原则、制度等诸多方面的成果。仅在 19 世纪 40 ~ 50 年代就有民主派兄弟协会②、共产主义者同盟③、德意志工人教育协会④、巴尔贝斯欢迎委员会⑤等，但对国际而言，影响最大的要属共产主义者同盟。可以说，共产主义者同盟是第一国际的先驱。恩格斯曾这样指出两者的关系：共产主义者同盟是无产阶级国际运动的 "狭窄的第一个形式即秘密同盟"⑥，

---

① 《马克思恩格斯全集》（第 21 卷），人民出版社，2003，第 466 页。
② 民主派兄弟协会是由德国、波兰、意大利的流亡者于 1844 年 8 月在伦敦建立的，1852 年停止活动。
③ 共产主义者同盟是 1847 年 6 月在伦敦创立的，是第一个以科学社会主义为指导思想的国际无产阶级政党，1852 年科隆共产党人审判案后被正式解散。
④ 德意志工人教育协会是卡尔·沙佩尔、约瑟夫·莫尔和正义者同盟的其他活动家于 1840 年 2 月建立的。最初几年，协会是处于威廉·魏特林的空想的平均共产主义的强烈影响之下的。共产主义者同盟成立后，协会里起领导作用的是同盟的地方支部。
⑤ 巴尔贝斯欢迎委员会是 1854 年秋英国宪章派左翼领袖琼斯发起成立的。它是新国际组织的起点，到 1855 年 2 月，委员会以 "国际委员会" 的名义公开活动，这个国际委员会可以说是第一国际成立的最早组织形式的原型。
⑥ 《马克思恩格斯文集》（第 4 卷），人民出版社，2009，第 246 页。

第一国际是"更广泛无比的第二个形式即公开的国际工人协会"①。共产主义者同盟堪称第一国际建立重要的组织来源的原因主要有三个。其一，共产主义者同盟是组织的任务先驱。共产主义者同盟成立的目的是推翻资产阶级统治，建立无产阶级统治；消灭资产阶级社会，建立不存在阶级和私有制的新社会。这为后来第一国际制定纲领和章程提供了重要的参考。其二，共产主义者同盟是组织的原则先驱。共产主义者同盟从正义者同盟改组而来，改组的过程正是反对魏特林主义的过程。魏特林主义强调集中制，而共产主义者同盟正是摆脱了以往密谋和宗派的组织原则，更强调民主。共产主义者同盟是有别于正义者同盟的民主型而非独裁型的政党。因此，从一定意义上说，共产主义者同盟是民主制，这也为后来第一国际的民主制原则提供了雏形参考。其三，共产主义者同盟是组织的结构先驱。同盟实行民主制的组织结构，设置中央委员会、代表大会、支部、区部，各级领导也均由选举产生并且可以随时撤换。共产主义者同盟的组织结构对第一国际的组织关系也形成了良好的示范效应。

二是思想来源。无产阶级国际联合的要求是第一国际建立不可或缺的主观条件，"全世界无产者，联合起来！"的国际主义思想是增强国际联系、国际团结自发性倾向的催化剂。共产主义者同盟摒弃"人人皆兄弟"的旧口号，第一次提出"全世界无产者，联合起来！"的新口号，这是无产阶级国际联合思想传播的重要开端。1848年2月下旬，在伦敦公开发表的《共产党宣言》为日后无产阶级的国际联合提供了思想武器，它引导国际主义思想向无产阶级的国际团结和国际联合方向发展。《共产党宣言》不仅阐述了

---

① 《马克思恩格斯选集》（第4卷），人民出版社，2012，第216页。

无产阶级国际主义的重要原则，还强调了无产阶级国际团结的重要性。其中特别指出，无产阶级反对资产阶级的革命具有世界性质，无产阶级只有推翻资产阶级统治才能获得真正意义上的解放，既然是世界范围内的革命，就需要无产阶级的国际主义，因为整个无产阶级和无产阶级的利益是一致的，是不分民族的。《共产党宣言》末尾再次号召"全世界无产者，联合起来!"，国际主义、团结联合的思想传播为第一国际的建立奠定了坚实的思想基础。

　　三是现实来源。虽然无产阶级形成得较晚、自我意识的发展也较为缓慢，但是，自19世纪20年代起，他们的阶级意识得到了进一步的发展。"阶级的迹象随处可见，从生活模式、服装、文化，甚至人的外貌也可以让人一目了然。"① 19世纪60年代，无产阶级已经从小资产阶级民主派中剥离出来，逐步认识到他们与资产阶级、小资产阶级之间根本利益的不同。资产阶级通过从国外输入廉价劳工的办法来破坏工人们的罢工运动，另外还通过联合反动政府的手段残酷镇压国内、国外的革命运动，这些残酷的现实更是警醒无产阶级要充分认识到阶级联合的重要性和必要性。

（二）第一国际建立的过程

1. 第一国际建立的直接原因

　　1863年爆发的波兰民族起义是第一国际成立的直接导因，正如马克思、恩格斯所说："这次起义成为在波兰流亡者参与下创立的国际的起点。"② 1863年1月22日的波兰人民起义首先在华沙爆发，随后遍及全国。由于敌我力量悬殊，起义最终失败。但是波兰

---

① 钱乘旦:《英国通史》（第5卷），江苏人民出版社，2016，第212~213页。
② 《马克思恩格斯全集》（第25卷），人民出版社，2001，第445页。

起义给沙皇和波兰王国以沉重的打击，迫使他们采取了一些社会改革措施。这些措施为波兰资本主义的发展扫清了诸多障碍，大大削弱了封建势力。波兰起义作为一场群众性的民族民主运动，它既具有反对封建制度的性质，又具有反对异族殖民统治的民族革命性质。这次起义标志着资本主义关系在波兰王国的胜利，19世纪60、70年代波兰也逐步进入了资本主义社会。波兰起义的国际影响远及西欧、俄国、美国，英法无产阶级积极支持波兰人民的民族民主运动。在声援波兰人民起义的过程中，广大无产阶级得到了革命的锻炼和洗礼，彼此间加强了阶级团结和联合，直接促进了第一国际的创立。

英法工人积极声援波兰人民起义主要做了以下工作。

第一，通过工人集会的形式，支持波兰起义。由伦敦工联理事会领袖们倡议，于1863年4月28日在伦敦圣詹姆士堂召开了第一次工人集会。此次集会的主要目的是要求英国政府对波兰起义实施干涉。会上不仅对沙皇俄国的残酷暴行予以批判，同时还提出了工人们的要求。由于集会效果并不理想，于同年7月22日在伦敦原址又举行了第二次大会，充分表达了联合行动以支持波兰人民争取民族独立的要求和愿望。

第二，工联领袖、工人代表通过发言、讲话表达对波兰起义的支持态度。工联领袖乔治·奥哲尔代表英国工人发言："我国劳动人民希望同法国劳动人民联合起来，给波兰以最热烈的支持。"[1] 另一位工联领导人克里默说道："波兰起义是历史上最具有正义性质

---

[1] 〔美〕明斯编《第一国际的建立：文件集》，王庆成译，生活·读书·新知三联书店，1963，第52~53页。

的一次起义。"① 托伦代表法国工人发表讲话："为了文明，必须制止俄国的侵略，整个欧洲应该一致援助，并以全世界人类的名义一致发出响彻云霄的呼声：'波兰万岁！'"②

第三，起草呼吁书，肯定波兰起义的重要意义。1863 年 11 月 1 日通过了奥哲尔起草的《英国工人致法国工人书》，此呼吁书完全渗透着工联主义的精神，在肯定波兰人民为人类正义事业而奋斗、赞颂其大无畏牺牲精神的同时，也充分表达了英国工人渴望各国工人联合起来的内心需求。呼吁书号召英国工人与各国工人大众建立兄弟般的团结，以"团结友爱"为口号，"为了工人大众的事业，各国人民必须团结一致"，"同世界上一切需要和平和自由、工业发展和人类幸福的人们建立亲密的联系吧！"③

英法工人为声援波兰人民起义做出了很多工作和努力，直接推动了第一国际的建立，其促成因素主要体现在以下几个方面。第一，声援效果和影响并未达到预期。希望通过英国政府采取措施阻止俄国对波兰起义镇压的愿望没有实现，帕麦斯顿以没有法国政府的参与不能采取行动为借口，拒绝了代表团的要求。英国政府对此事并未予以重视的态度，让工联领导人愈发认识到加强工人联合和团结的重要性，以便对政府施压来促成英法两国政府联合行动以阻止俄国的暴行。第二，工人运动的进一步发展，推动工人联合愿景的实现。英法工人在声援波兰人民起义的过程中积累了声援和斗争

---

① 〔美〕明斯编《第一国际的建立：文件集》，王庆成译，生活·读书·新知三联书店，1963，第 52～53 页。

② 〔美〕明斯编《第一国际的建立：文件集》，王庆成译，生活·读书·新知三联书店，1963，第 53 页。

③ 〔苏〕伊·布拉斯拉夫斯基编《第一国际第二国际历史资料：第一国际》，中国人民大学编译室译，生活·读书·新知三联书店，1964，第 29 页。

经验，提高了工人们的自身觉悟，他们开始发现各国工人联合行动的重要性，这对进一步打开工人运动的良好局面具有重要的推动作用。第三，声援形势和英法工人运动的发展，推动各国工人找寻到了加强团结的新路——成立工人阶级国际组织。1863 年 7 月 29 日，在欢迎法国代表团会议上就建立工人阶级国际组织问题达成协议，并组建了筹备委员会，主要负责研究英法两国工人国际联盟问题及起草呼吁书等相关事宜。1864 年 5 月，就奥哲尔起草的《英国工人致法国工人书》，托伦起草了《法国工人致英国兄弟》的答复信。信中特意提出应该建立欧洲各国人民之间永久联系计划。伦敦筹备委员会得知法国工人方面的计划和行动，决定召开欢迎法国工人代表团的群众大会，大会定于 1864 年 9 月 28 日在伦敦圣马丁堂举行。

2. 第一国际的成立大会

1864 年 9 月 28 日晚，伦敦圣马丁堂举行的欢迎法国工人代表团的群众大会，标志着第一国际的正式诞生。此次群众大会即第一国际的成立大会，会场上挤得让人透不过气来，至少有 2000 名工人参加，与会人员有英国人、法国人、德国人、意大利人和波兰人等。成立大会主要完成了以下几项大事。第一，明确此次群众大会召开的初衷。群众大会的主席比斯利[①]特别指出："这一年四月法国工人派代表团参加了在圣詹姆士堂举行的支持波兰的群众大会，后来英国工人成立了一个委员会，由它起草了一封友好的信件寄给巴黎的工人同志。巴黎工人为了送交复信，派了一个代表团来到这里。这个群众大会就是为了欢迎这个代表团而举行的。"[②]　第二，宣

---

① 爱德华·斯宾塞·比斯利（1831~1915），伦敦大学历史学教授、伦敦激进的慈善家。
② 〔德〕耶克：《第一国际史》，张文焕译，生活·读书·新知三联书店，1964，第 12 ~ 13 页。

读《英国工人致法国工人书》和《法国工人致英国兄弟》的回信。
奥哲尔用英文宣读了《英国工人致法国工人书》，托伦用法语宣读
了《法国工人致英国兄弟》的回信。尽管前者渗透着工联主义的精
神，后者充满着资产阶级思想，但都得到了全场的热烈欢呼。因为
它们既充分肯定了波兰起义的正义价值，"波兰事业由于人民的自
我牺牲精神、由于他们的坚贞忠诚和大无畏的英雄主义而为人所尊
敬。波兰人民在争取自由的正义斗争中博得了基督教世界的一切明
智和善良的人士——不论他们是属于上层还是下层——的同情和钦
佩"①；又看到了资本主义制度下由科学发明、工业进步、劳动分
工、贸易自由给广大工人带来的苦难，贸易自由创造的工业奴隶制
要比法国革命消灭掉的农奴制更为可怕和残酷。信中还提到，当前
最为重要的是号召世界人民实现正义的联合，要召开所有愿意为造
福人类而共同努力的代表会议，会议代表可以来自英国、法国、德
国、意大利、波兰等世界各国，大家为了无产阶级的解放事业，彼
此建立兄弟般的团结和联系，共同抵抗将人类划分为资产阶级和无
产阶级的罪恶制度。第三，介绍法国工人代表团提出的关于建立国
际组织的方案。具体方案如下。首先，确定中央委员会会议地点、
中央委员会委员构成及直属机构的设置。计划将会议地点选在英国
伦敦，从居住在伦敦的工人中选出中央委员会委员，并在英、法等
欧洲各国国家的首都、大城市设立分会，分会与中央委员会之间保
持着密切的联系。其次，中央委员会提出相关讨论问题，各国各个
分会加以研究和讨论，提交讨论报告。再次，中央委员会应将委员
会、各国支部讨论的意见和结果以纸质的形式印刷出版。最后，要

---

① 〔苏〕伊·布拉斯拉夫斯基编《第一国际第二国际历史资料：第一国际》，中国人民大
学编译室译，生活·读书·新知三联书店，1964，第27页。

求各国支部应在一年内派代表到比利时会面，计划第一次代表大会将于比利时召开。

二 总委员会的设置

（一） 总委员会的创设

在 1864 年 9 月 28 日召开的第一国际成立大会上，伦敦工联理事会的代表威勒尔就法国工人代表团提出的关于建立国际组织的方案提出了一项决议案："会议听取了我们法国兄弟的复信。我们再次向他们表示欢迎，鉴于他们的纲领会促进工人的联合，所以我们接受它作为国际协会的基础。为此，特委派一个有权增加自己成员的委员会，以制订这个协会的条例和规章。"[①] 英国、德国、意大利、法国的代表们先后发言，并且对该项决议案表示赞成和支持。最终通过了一项决议："鉴于他们的方案旨在促进工人的团结，所以会议接受这个方案作为国际协会的基础。同时会议指定一个委员会负责，并责成委员会制定行将成立的协会的规章，该委员会享有为自己补充新委员之全权。"[②] 随后群众大会推选出了由居住在伦敦的不同国家的工人代表组成的临时中央委员会，其中包括 27 位英国代表、9 位德国代表、9 位法国代表、6 位意大利代表、2 位波兰代表和 2 位瑞士代表。这些选入临时中央委员会的委员包括英国工联领导人和活动家奥哲尔、豪威尔、克里默、布莱克莫尔、斯坦斯比、奥斯波伦、鲁克拉夫特等，还包括一些外国工人

---

① 〔德〕耶克：《第一国际史》，张文焕译，生活·读书·新知三联书店，1964，第 14 页。

② 高放：《第一个政党性的国际工人组织——第一国际光芒四射》，《中国延安干部学院学报》2014 年第 1 期。原文出处为〔苏〕伊·布拉斯拉夫斯基《第一国际第二国际历史资料：第一国际》，中国人民大学编译室译，生活·读书·新知三联书店，1964，第 34 页。

代表，如法国的委员吕贝、德努阿尔，意大利代表方纳塔等，还有马志尼的秘书沃尔夫以及埃卡留斯、马克思等。委员会于1864年9月28日正式成立，"委员会从10月18日起先称为中央委员会，至1866年夏更名为总委员会，并以这个名称载入史册"①。

（二）总委员会的驻地

自1864年第一国际建立至1872年海牙代表大会的召开，这八年间第一国际总委员会的驻地设在英国伦敦。海牙代表大会之后，驻地迁往美国纽约。恩格斯曾指出："过去总委员会一直设在伦敦是由于以下两个原因：（1）总委员会的国际性质——参加总委员会的有10个国家的代表；（2）这个地点对于我们的文件有充分的安全保障。"② 总委员会将驻地设在英国伦敦有着多重考虑，具体的影响因素还包括以下几个。第一，国际环境。19世纪的英国一直以保证帝国利益、国家安全、海军强大、欧洲均势为准绳制定外交原则。自19世纪60年代开始，英国开始逐步推行"绝不干涉"的外交政策。1866年7月20日普奥签订停战协定，斯坦利在议会中的讲话也充分体现了其"不干涉"的外交政策："英国不被拖入欧洲大陆战争是极为重要的，这是议会内外的一致态度。我们奉行和平政策，我们的政策是观察而不是行动。……如果战后出现一个强大的北德意志帝国，这确实会遭到其他欧洲大陆国家的嫉妒，但对英国利益却没有丝毫的影响。"③ 稳定的国际环境，有利于总委员会工作的顺利开展，为总委员会的活动提供了可靠的安全保障。第二，政治环境。19世纪中期，已经完成了工业革命的英国处于维多利

---

① 〔苏〕巴赫、戈尔曼、库尼娜编《第一国际：第一卷（1864~1870年）》，杭州大学外语系俄语翻译组译，生活·读书·新知三联书店，1980，第50页。

② 王学东主编《国际共产主义运动历史文献：第12卷（第一国际第五次海牙代表大会文献）》，中央编译出版社，2011，第63页。

③ 钱乘旦：《英国通史》（第5卷），江苏人民出版社，2016，第333页。

亚的全盛时期，但伴随着工业化和城市化的发展，"英国自身的问题却逐渐暴露出来，宪章运动所映射的工人阶级的反叛情绪、中等阶级激进派对国家政权继续掌握在贵族手中的厌恶，以及工业化所造成的种种问题，都严肃地呈现在每一个英国人眼前，统治集团中也有人渐渐看出这一点，并日益明白：需要进行新的改革"①。民众的抗争迫使统治者让步，改革的方向日益趋向于民主。新的改革气氛的出现，充分表明其政治环境的宽松。宽松的政治环境是总委员会驻地选址考虑的重要因素。第三，工人运动水平。总委员会的驻地，一定要选在工人运动发展程度高的区域。19世纪50年代末至60年代欧洲工人运动日趋高涨。英国伦敦是国际工人运动的重要中心。1859年伦敦举行了建筑工人要求缩短工时的罢工，时长达一年之久，并最终取得了胜利。1860年5月，伦敦各工联举行了代表会议并成立了"工联伦敦理事会"。"工联伦敦理事会"的绝大多数领导能顾及群众的情绪，他们为此向政府提出政治诉求，争取普选权，积极推进实现民主的选举改革运动。虽然工联领导人狭隘地理解工人阶级的政治任务，将其归结为把工人代表选入议会以实现有利于工人的局部改革，决定了其资产阶级的性质。但是，在它的领导和组织下，英国工人运动重新活跃了起来并积极参与政治斗争。总委员会的驻地设在英国伦敦能很好地接近欧洲的工人队伍，活跃、高涨的工人运动环境成为支撑总委员会开展活动、履行职责的重要条件。

1870年，由于战争影响，马克思曾提议将总委员会的驻地迁往布鲁塞尔，但是当时各联合会仍坚持将驻地保留在伦敦。巴黎公社革命失败后，英国伦敦丧失了有利条件，甚至当时的欧洲其他国家

---

① 钱乘旦：《英国通史》（第5卷），江苏人民出版社，2016，第119页。

也不具备设置总委员会驻地的条件。恩格斯在海牙代表大会①上作了有关总委员会驻地问题的发言，提议把总委员会驻地迁往纽约并具体分析了缘由，具体看来有三个主要原因。第一，维护第一国际总委员会的领导权不被篡夺。巴黎公社革命失败后，总委员会内部不同派别之间的斗争十分激烈、矛盾十分尖锐，局势极为复杂。海牙代表大会召开之前，第一国际内部分裂的迹象已经十分明显。当时国际内部主要有三种派别对总委员会的工作造成干扰和破坏：巴枯宁无政府主义集团、英国工联主义改良派、法国布朗基主义者。这三股力量企图篡夺第一国际的领导权、改变第一国际的原则，试图控制第一国际，复杂的局面让英国伦敦逐步失去了总委员会顺利活动的基础和条件，"担心总委员会被布朗基主义、巴枯宁主义以及被拥有各自阴谋手段的团体篡夺了领导权"②。因此，将驻地迁移到纽约是解决这一问题的良方。第二，远离欧洲各国政府对工人运动的干预。巴黎公社革命失败之后，欧洲反动政府对第一国际采取高压政策，黑暗反动的政治氛围笼罩着欧洲各国，总委员会在伦敦已经无法正常活动下去，甚至在整个欧洲已经失去了安全保障。第三，美国是以第一国际名义开展活动的理想之地。"总委员会迁往美国的自信来自于美国工人阶级巨大的潜力。"③ 马克思也特别强调，美国正在成为一个以工人为主的国家，每年陆续有 50 万名工人迁往美国，工人阶级方面的优势，为国际工人运动提供了良好的土壤，因此第一国际应该扎根于此。当然，"美国除了具备安全和国际性这两个基本条件外，最主要的是美国是一个迅速发展的国

---

① 1872 年 9 月 2 日至 7 日在荷兰举行了海牙代表大会即第一国际第五次代表大会。

② Samuel Bernstein, The First International in America [M]. New York：Augustus M. Kelley, 1962. 165.

③ Samuel Bernstein, The First International in America [M]. New York：Augustus M. Kelley, 1962. 165.

家，工人运动蓬勃发展，而宗派主义者尚未在国际美国支部内占据什么地位"①。与此同时，仅通过纽约的国际组织——纽约联合会委员会的人员构成（由爱尔兰人、法国人、意大利人、瑞典人、德国人组成），就可以充分反映出纽约是具有一定的代表性的。正是由于地域上远离欧洲的特征，才可以防止个别联合会对总委员会的干涉。恩格斯明确指出，"当时还能够以国际的名义做出点事情的唯一的国家就是美国，因而出于健全的本能就把最高领导机关搬到那里去了"②，"后来事情的发展证明这个在当时和后来曾不止一次地受到指责的决定是多么正确"③。

（三）总委员会的职责

《国际工人协会临时章程》④ 中的第 6 条至第 8 条明确规定了总委员会的职责。简要归纳，总委员会的职责主要有以下五个方面。第一，积极促进工人团体之间的沟通、互助和合作。第二，及时了解和把握工人运动的情况和态势。第三，做好社会调查工作。第四，组织讨论各团体提出的具体问题。第五，团结各团体一致行动。总委员会以临时中央委员会和中央委员会的身份（即 1864 年 9 月 28 日至 1866 年 9 月）行使的职责和以总委员会身份（1866 年 9 月起）行使的职责存在些许差异。总委员会在第一国际的第一次代表大会——日内瓦代表大会（1866 年 9 月 8 日）召开之前的主要职责有，首先，协助各国工人组织建立广泛的联系；其次，在英国招募会员；再次，筹备第一国际第一次代表大会；最后，在大会召

---

① 张汉清：《马克思、恩格斯与第一国际》，东北师范大学出版社，1996，第 353 页。
② 《马克思恩格斯选集》（第 4 卷），人民出版社，2012，第 515 页。
③ 《马克思恩格斯全集》（第 19 卷），人民出版社，1963，第 121 页。
④ 卡尔·马克思写于 1864 年 10 月 21 日和 27 日之间，载于 1864 年 11 月在伦敦出版的小册子《1864 年 9 月 28 日在伦敦朗—爱克街圣马丁堂举行的公开大会上成立的国际工人协会的宣言和临时章程》。

开前与全国性和地方性组织共同商讨大会需提上议程共同讨论的主要问题。

　　总委员会在实际运作过程中所发挥的职责实际上早已超越了《协会临时章程》所规定的范围。在第一国际代表大会、代表会议召开之前，总委员会不仅会做好会议的筹备工作，在会议召开期间，也会积极推进决议的研究和讨论，充分发挥思想领导、组织动员、宣传联络功能。闭会期间，负责组织、管理全国性和地方性的国际组织和团体，接纳各国联合会，监督各国支部、分部的活动，代表第一国际与其他国家政党、机关、组织建立联系等。总委员会正是由于承担着这些职责，已名副其实地成为代表大会闭会期间第一国际最高的领导机关和执行机关。

（四）总委员会的组织原则：民主制

　　总委员会的组织原则是民主制。但是，当前国内外仍有一些学者认为第一国际总委员会的组织原则是民主集中制。这种观点没能看到"民主制"与"民主集中制"之间的差别。19世纪马克思、恩格斯提出的组织原则始终是民主制，民主集中制诞生于20世纪的苏联共产党。第一次提出"集中制"是在1903年俄国社会民主工党的第二次代表大会上。"民主制"与"集中制"两者的区别首先在于权力中心的不同。民主制的权力中心在代表大会，而集中制的权力中心在领袖个人或领袖集团。其次在于决策的原则不同。民主制的决策原则是少数服从多数，而集中制的决策原则是多数服从少数。但是我们必须看到，正常情况下"民主制"势必会包含必要的、适当的、正常的集中。马克思、恩格斯在文集中也谈到"集中""权威""纪律"的重要性。他们认为，没有必要的集中领导、权威和纪律，不可能形成有凝聚力的队伍，不可能组建有战斗力的无产阶级政党，更不可能在残酷的斗争环境中获胜、实现无产阶级民主的目标。民主集中制是从民主制和集中制发展过程中衍生出来的，它既包括民主也包含着集中，是民主制和集中制的有机结合。

马克思在《国际工人协会临时章程》开篇就对制定章程的精神实质作了明确表述，即第一国际的组织原则是民主的，而不是集中的，更不是片面的集中。1872 年经总委员会修改过的《国际工人协会的共同章程和组织条例》中也特别指出"没有无义务的权利，也没有无权利的义务"①，规定了第一国际内部各行为主体的平等性原则。判定第一国际总委员会的组织原则为"民主制"的主要依据有以下几个。第一，总委员会的性质决定了总委员会"民主制"的组织原则。《临时章程》规定了总委员会是"沟通各种互相合作的团体之间的联系的国际机关"②，从这一点就可以充分断定其为"民主制"而并非"集中制"的原则。第二，总委员会的产生方式决定了总委员会的"民主制"原则。总委员会在 1864 年 9 月 28 日的第一国际成立大会上被选举产生，民主选举的产生方式也是判定总委员会"民主制"组织原则的重要依据。第三，总委员会的人员构成决定了总委员会"民主制"的组织原则。《临时章程》规定，总委员会"由参加国际协会的各国的工人组成"③，总委员会的委员包括世界各国的工人代表。1864 年 9 月 28 日被选入临时总委员会的第一批委员，既包括工联领袖、英国资产阶级合作运动、英国宪章派、欧文派、资产阶级激进民主运动的代表，还包括资产阶级工人文化教育慈善团体的活动家等。总委员会并没有排斥各种非无

---

① 王学东主编《国际共产主义运动历史文献：第 8 卷（第一国际总委员会文献 1871～1872）》，中央编译出版社，2011，第 350 页。

② 王学东主编《国际共产主义运动历史文献：第 5 卷（第一国际总委员会文献 1864～1867）》，中央编译出版社，2011，第 394 页。

③ 王学东主编《国际共产主义运动历史文献：第 5 卷（第一国际总委员会文献 1864～1867）》，中央编译出版社，2011，第 394 页。

产阶级派别，甚至一些敌视无产阶级独立运动的资产阶级、小资产阶级民主派，如马志尼派也加入了国际。复杂的成分既是当时欧洲工人运动不成熟的缩影，同时在一定程度上也充分反映出总委员会的开放性和民主性。总委员会内部的负责人也从总委员会委员中经过民主选举的方式产生。由此可知，总委员会的人员构成是充分反映总委员会"民主制"的重要标志。第四，总委员会的运行机制决定了其"民主制"的组织原则。总委员会在实行少数服从多数、个人服从组织的原则基础之上，由会议表决机制（票决制）、民主协商机制、集体领导机制等共同构成了总委员会的运行机制。凡是有关纲领、策略等的重大问题都要提交总委员会会议或代表大会，通过集体讨论、票数表决的方式得出决议；有关工人运动的一些迫切问题，也会通过总委员会的例会进行集体研究和讨论，坚决恪守少数服从多数的原则，反对独裁和专制。为了避免个人专权行为，马克思还建议废除总委员会主席职务。① 第五，总委员会的组织关系决定了其"民主制"的组织原则。总委员会与其附属机构（加入国际的附属团体）之间的关系：附属机构接受总委员会的领导，但又保持自身的独立性。《国际工人协会章程和组织条例》中明确规定："加入国际协会的工人团体，在彼此结成亲密合作的永久联盟的同时，完整地保存自己原有的组织。"② 两者的关系充分体现出了民主制的原则，既将组织之间的参与落到了实处，又保护了工人组织和工人团体的独立性。因此，总委员会的组织原则是"民主制"，这也为后来的无产阶级政党或无产阶级政权的建立提供了组织原则的蓝本。

---

① 从马克思 1867 年 10 月 4 日致恩格斯的信中可以看出，废除总委员会主席（President）一职的建议，是根据马克思的倡议提出来的。1869 年举行的国际巴塞尔代表大会在一项特别决议中建议，各地方支部都应该废除支部主席这一职务。
② 王学东主编《国际共产主义运动历史文献：第 5 卷（第一国际总委员会文献 1864 ~ 1867）》，中央编译出版社，2011，第 460 页。

（五）总委员会的财务制度：会费募捐制

1. 总委员会财务经费的来源

总委员会财务经费的来源主要有以下几个：各团体入会费、各团体年度会费、各支部会费、个人会费、大会基金捐款（为筹备大会而建立的自愿捐款基金）、会员年度捐款、销售印刷品、筹办晚会盈利等。归纳起来，第一国际会员与总委员会缴纳的会费和总委员会收到的捐款是总委员会经费来源的支柱。1864 年第一国际建立初期，暂定总委员会委员每个季度缴纳 1 先令会费，每年每位委员需缴纳 4 先令。1865 年 2 月 7 日召开的中央委员会会议上规定，个人会员证费应全部上缴给中央委员会，"我们大陆上的兄弟们的会员证费每张 1 先令。这笔钱应上缴中央委员会"[①]。1866 年 9 月 5 日和 8 日会议上通过的《国际工人协会章程和组织条例》明确规定"个人会员的会费每年 1 先令。以团体会员身份加入的团体，须缴纳会费 5 先令"[②]。第一国际会员能被选入中央委员会担任委员的附带经济条件是预先缴纳一年的会费。《国际工人协会第三年度报告》就"捐款和附属团体"相关事宜进行了清晰的介绍，其中规定"每个入会的团体缴纳 5 先令的入会费"[③]。按历届代表大会（1866～1869）和伦敦代表会议（1871）的决议修订的第一国际《组织条例》[④] 中明确规定"总委员会向一切支部和附属团体征收

---

①　王学东主编《国际共产主义运动历史文献：第 5 卷（第一国际总委员会文献 1864～1867）》，中央编译出版社，2011，第 36 页。

②　王学东主编《国际共产主义运动历史文献：第 5 卷（第一国际总委员会文献 1864～1867）》，中央编译出版社，2011，第 462 页。

③　王学东主编《国际共产主义运动历史文献：第 5 卷（第一国际总委员会文献 1864～1867）》，中央编译出版社，2011，第 483 页。

④　马克思于 1871 年 9 月底 10 月初至大约 11 月 6 日修订，1872 年经总委员会修改。详见王学东主编《国际共产主义运动历史文献：第 8 卷（第一国际总委员会文献 1871～1872）》，中央编译出版社，2011，第 354～361 页。

会费，数额为每个会员每月十生丁"①。1871 年《组织条例》② 规定了总委员会向其直属机构（国际支部）和附属机构（附属团体）征收会费的数额，每年每个会员 1 便士。另外，总委员会还提出了各附属团体每个会员的最低捐款额度，最初大会将其规定为 3 便士，后来考虑到现实的情况，将捐款的最低额度减少到每个会员半便士。

2. 总委员会财务经费的支配

《国际工人协会章程和组织条例》③ 中特别规定"这些会费用来支付总委员会的诸如书记的报酬、邮费、印刷费等费用"④。后来修订的《组织条例》⑤ 也规定了总委员会会费的用途，主要包括总书记的报酬、通信费、出版印刷费、筹备代表大会的支出等。在总委员会的实际运作过程中，经费用途更为广泛，不仅包括书记的薪金、会议费（筹备召开大会、代表大会、代表会议的花销，工人代表们的食宿）、房费（包括办公室租金、场地费），还包括给流亡者的捐款、印刷费、邮费（邮寄书信和报纸等）、报费、办公用品费、兑换货币费等。另外，1865 年 2 月 7 日中央委员会会议通过的决议明确规定"协会的分会如有合理开支，中央委员会（如果认为此种开支得当的话）可以批准拨给一笔经费以支付这

---

① 王学东主编《国际共产主义运动历史文献：第 8 卷（第一国际总委员会文献 1871 ~ 1872）》，中央编译出版社，2011，第 357 页。

② 1871 年 11 月至 12 月用英文和法文、1872 年 2 月用德文以小册子的形式发表的《组织条例》。

③ 日内瓦代表大会在 1866 年 9 月 5 日和 8 日的会议上通过的。详见王学东主编《国际共产主义运动历史文献：第 5 卷（第一国际总委员会文献 1864 ~ 1867)》，中央编译出版社，2011，第 458 ~ 462 页。

④ 王学东主编《国际共产主义运动历史文献：第 5 卷（第一国际总委员会文献 1864 ~ 1867)》，中央编译出版社，2011，第 461 页。

⑤ 按历届代表大会（1866 ~ 1869）和伦敦代表会议（1871）的决议修订，1871 年 11 月至 12 月用英文和法文、1872 年 2 月用德文以小册子的形式发表。

种费用"①。

3. 总委员会财务经费的收支状况

第一国际总委员会驻地迁往纽约前，即 1864 年至 1872 年总委员会的财务经费从未处于十分充裕的状态，账目收支处于基本平衡，有时存在负债的情况。1865 年 3 月 29 日至 1866 年 4 月 28 日，大约一个年度的收支状况处于基本平衡，略有盈余 11 先令（其中，收入 47 英镑 9 先令 8 便士，支出 46 英镑 18 先令 8 便士）。② 1866 年 4 月 29 日至 1867 年 8 月 31 日，总委员会也是基本处于收支平衡状态，略有盈余 9 先令 9 便士（其中收入 63 英镑 15 先令 8.5 便士，支出 41 英镑 15 先令 11.5 便士，偿还旧账 21 英镑 10 先令）。③《国际工人协会第三年度报告》④ 中提到："去年（1866 年），钱是用于派遣出席代表大会的代表，因而没有用于别的目的，今年（1867 年）的收入是捐款，用于开支行政费用。去年，我们欠了债，因为我们没有固定的收入；今年，我们偿付了债务，因为我们有了这样一笔收入。"⑤ 其中提到一些附属团体没有缴纳年度捐款、没有捐助代表大会基金的现象，其中的原因是"由于生产的停滞、罢工和同

---

① 王学东主编《国际共产主义运动历史文献：第 5 卷（第一国际总委员会文献 1864～1867）》，中央编译出版社，2011，第 36 页。
② 详见《国际工人协会资产负债表》，载王学东主编《国际共产主义运动历史文献：第 5 卷（第一国际总委员会文献 1864～1867）》，中央编译出版社，2011，第 456 页。
③ 详见《1867 年 8 月 31 日为止的财政年度资产负债表》，载王学东主编《国际共产主义运动历史文献：第 5 卷（第一国际总委员会文献 1864～1867）》，中央编译出版社，2011，第 494 页。
④ 马克思用英文写就载于 1867 年 11 月 24 日《法兰西信使报》第 163 号。详见王学东主编《国际共产主义运动历史文献：第 5 卷（第一国际总委员会文献 1864～1867）》，中央编译出版社，2011，第 477～496 页。
⑤ 王学东主编《国际共产主义运动历史文献：第 5 卷（第一国际总委员会文献 1864～1867）》，中央编译出版社，2011，第 486 页。

盟歇业对它们的基金造成严重压力"①。"'国际'本身的经费也同样是微乎其微。总书记的菲薄的薪金通常发不出来，总办事处的房租常常欠付。"② 1871 年至 1872 年度的财务情况依旧处于收支平衡状态，库存结余 4 英镑 5 先令 9.5 便士（收入总计 160 英镑 19 先令 1.5 便士，支出总计 156 英镑 13 先令 4 便士）③。

第一国际总委员会将驻地迁往纽约后，经济状况更是每况愈下，可以用财政亏空来形容。总委员会在 1873 年 9 月 8 日于日内瓦召开的国际工人协会第六次全协会代表大会所作的秘密报告上阐述了总委员会在美国捉襟见肘的财政状况，"总委员会的正常收入少得可怜，而且很不稳定，和世界各地保持频繁的通信往来所需要的邮资费，只能勉强支付"④。在 1873 年 1 月到 5 月间，总委员会甚至连用于支付邮费的资金都没有。在秘密报告上，道出了财务情况真实的窘境，"因为与其说是资金匮乏，倒还不如说我们的钱柜里根本就没有钱"⑤。

---

① 王学东主编《国际共产主义运动历史文献：第 5 卷（第一国际总委员会文献 1864 ~ 1867）》，中央编译出版社，2011，第 486 页。

② 〔美〕福斯特：《三个国际的历史》，李潞译，人民出版社，1959，第 69 页。

③ 详见《国际工人协会总委员会 1871 ~ 1872 年度财务报告》，载王学东主编《国际共产主义运动历史文献：第 12 卷［第一国际第五次（海牙）代表大会文献］》，中央编译出版社，2011，第 236 ~ 239 页。

④ 王学东主编《国际共产主义运动历史文献：第 13 卷［第一国际第六次（日内瓦）代表大会文献］》，中央编译出版社，2015，第 28 页。

⑤ 王学东主编《国际共产主义运动历史文献：第 13 卷［第一国际第六次（日内瓦）代表大会文献］》，中央编译出版社，2015，第 29 页。

第二章
第一国际总委员会的历史分期与阶段特征

一　组建时期（1864～1865）

（一）组建执行机构

总委员会在组建时期，所做的第一件大事是组建第一国际总委员会的执行机构——小委员会。小委员会，又称为常务委员会。总委员会组建执行机构的初衷是完成拟定第一国际纲领和章程的任务，由此组建了由9位委员组成的小委员会。① 小委员会的委员包括英国的奥哲尔、克里默、韦斯顿、皮琴、惠特洛克，德国的马克思，法国的吕贝，意大利的沃尔夫和波兰的霍尔托普。随着总委员会组织运作的常态化、组织功能的多样化，小委员会担负起了更多的职责，它的职能和职权不断扩大。小委员会主要负责组织讨论、起草有关总委员会的重要决议，集中处理总委员会的组织工作，协调总委员会与其直属机构、附属机构、宣传机构之间的关系等方面

---

① 详见本书导论三（三）和第三章一（一）。

工作。

(二) 制定第一国际的纲领和章程

"党纲是一面公开树立起来的旗帜,是判定党的运动水平的界碑。"① 在第一国际成立大会上产生了临时中央委员会之后,受大会的委托开始拟定第一国际的纲领和章程。制定纲领和章程是第一国际建立后面临的首要任务,此项重任关系着统一第一国际会员的思想和意志,协同各国际支部和附属团体一致行动,关系着第一国际未来的发展。临时中央委员会为能顺利完成此项重任特意组建了一个专门委员会——小委员会 (也就是总委员会的常设机构、执行机构) 负责起草纲领和章程。小委员会制定第一国际纲领和章程的过程可谓"一波三折",主要经历了以下三个阶段。

第一,"韦斯顿和马志尼、沃尔夫"起草阶段。1864 年 10 月 8 日提交给总委员会的两份文件分别来自韦斯顿②和沃尔夫③。埃卡留斯④这样评价韦斯顿,"尽管他向工人传播旧学派的多情善感的学说,并且真正憎恨压迫者,但是,除了真理与正义的陈词滥调之

---

① 魏承钧、汪青松:《第一国际从潜在向实在的共产主义政党的发展》,《安徽师大学报》1985 年第 2 期。

② 韦斯顿·约翰 (Weston John),英国工人运动活动家,职业木匠,后为厂主;欧文主义者,1864 年 9 月 28 日伦敦圣马丁堂国际成立大会的参加者,国际总委员会委员 (1864 ~ 1872),1865 年伦敦代表会议代表,改革同盟执行委员会委员,土地和劳动同盟的领导人,不列颠联合会委员会委员。

③ 沃尔夫·路易斯 [路易] (Wolff Luigi [Louis]),意大利少校,马志尼的信徒,受马志尼影响的伦敦意大利工人组织——共进会会员;1864 年 9 月 28 日伦敦圣马丁堂国际成立大会的参加者,1864 ~ 1865 年国际总委员会委员,1865 年伦敦代表会议的参加者,1871 年被揭露为波拿巴的警探。

④ 埃卡留斯·约翰·格奥尔格 (Eccarius Johann Georg),1818 年出生,1889 年去世。职业为裁缝,后成为德国工人运动和国际工人运动活动家,工人政论家。曾为正义者同盟盟员,后为共产主义者同盟盟员,伦敦德意志工人共产主义教育协会领导人之一,1864 年至 1872 年为国际总委员会委员,1867 年至 1871 年 5 月担任国际总委员会总书记,1870 年至 1872 年担任美国通讯书记,国际历次代表大会、代表会议的代表。1872 年以前支持马克思,1872 年海牙代表大会之后,转向为英国工联派,并成为其领袖、工联派活动家。

外，大概他并不知道工人运动的任何别的原理"①。马克思曾评价韦斯顿起草的"原则宣言"草案内容极其混乱、文字异常冗长。由马志尼②起草、沃尔夫将其译成英文的《意大利工人团体兄弟联合会》实质上是将马志尼派关于工人运动的观点作为第一国际的思想基础，充分体现着资产阶级民主主义精神，试图将第一国际定性为一个松散的互助联合会。小委员会对这两份文件都不满意，希望能够加以修改并合二为一。1864年10月12日埃卡留斯把讨论经过以书信的形式告诉马克思，他写道："会后，克里默在私人交谈中说，再也不能让韦斯顿插手这件工作，应当委托最多由三人组成的委员会来对草案进行加工。这三人可以斟酌使用或者不使用提供给他们的资料。奥哲尔等人同意他的意见。此项工作最适合人选，毫无疑问就是马克思博士。"③

第二，"吕贝"起草阶段。吕贝④提交的章程版本摒弃了韦斯顿的"原则宣言"，主要是利用《意大利工人团体兄弟联合会》的引言加以发挥和修订，并未做出实质性的改变。1864年10月15日将草案递交小委员会进行讨论，18日提交临时中央委员会进行审

---

① 张汉清：《马克思、恩格斯与第一国际》，东北师范大学出版社，1996，第48页。

② 马志尼·朱泽培（Mazzini Giuseppe，1805～1872），意大利革命家，民主主义者，意大利民族解放运动的领袖，意大利1848～1849年革命的参加者，1849年为罗马共和国临时政府首脑，1850年伦敦欧洲民主派中央委员会组织者之一，1853年米兰起义的主要领导人，19世纪50年代后领导反对波拿巴法国干涉意大利人民的民族解放斗争。1864年成立第一国际时企图置国际于自己的影响之下，1871年反对巴黎公社和国际，阻碍意大利独立工人运动的发展。

③ 〔苏〕巴赫、戈尔曼、库尼娜编《第一国际：第一卷（1864～1870年）》，杭州大学外语系俄语翻译组译，生活·读书·新知三联书店，1980，第51页。

④ 勒·吕贝·维克多（Le Lubez Victor）出生于1834年左右，在伦敦的法国侨民，与法、英两国的资产阶级共和主义激进派分子有联系，曾参加1864年9月28日伦敦圣马丁堂国际成立大会，1864～1866年担任国际总委员会委员，1864～1865年担任法国通讯书记，1865年国际伦敦代表会议的参加者。后来，由于在国际内部进行阴谋活动和诽谤，被日内瓦代表大会（1866）开除出总委员会。

批。在 18 日的中央委员会会议上，吕贝亲自宣读了自己修订并得到小委员会同意提交给中央委员会的纲领和章程。马克思认为，吕贝起草的草案引言部分充斥着马志尼派的色彩，也披着法国社会主义的外衣，章程中提到的追求成立欧洲无产阶级的某种中央政府的目标也是不能实现的。会议经过长时间的讨论，决定委托小委员会对吕贝起草的草案进行修订，把定稿提交中央委员会下次会议进行审定。

第三，"马克思"起草阶段。1864 年 10 月 20 日，小委员会召开会议商议章程修订的相关事宜，大家一致认为应该由马克思来起草。任务艰巨又困难，马克思需要在一周内完成纲领和章程的草拟工作。崭新的纲领和章程需要完成以下使命：坚持原则、结合实际、普遍接受、达到目的。马克思希望将第一国际的思想以第一国际内部成员、派别都能普遍接受的形式表达出来，不至于把工联派、蒲鲁东派、拉萨尔派都拒之门外，"这就必须做到实质上坚决"[①]、形式上温和，最终实现国际的目标——"把欧美整个战斗的工人阶级联合成一支大军"[②]。马克思特意撰写了《国际工人协会成立宣言》用以替代之前吕贝起草的"原则宣言"，又将之前的40 条章程条目缩减为 10 条，形成《临时章程》。在 1864 年 11 月 1 日的中央委员会会议上，马克思用英文宣读了小委员会最后同意并提交中央委员会的序言、宣言和章程，最后得到一致通过。同月，《成立宣言》又在《蜂房报》上发表，还出版了《成立宣言》和《临时章程》的单行本小册子。

《成立宣言》以告工人书的形式出现，其主要内容有以下几个

---

① 《马克思恩格斯选集》（第 4 卷），人民出版社，2012，第 453 页。
② 《马克思恩格斯选集》（第 1 卷），人民出版社，2012，第 391 页。

部分。首先，运用当时英国官方公布的数据，阐释了在 1848 年至
1864 年，尽管英国处于工业发展、贸易扩大的时期，但工人群众的
贫困状况仍然没有减轻的实况。其次，指出了无产阶级在 1848 年
革命失败后，经过顽强英勇的斗争有两件重大事实证明国际工人运
动取得了新进展。第一件大事是英国工人阶级通过 30 年来的顽强
斗争，成功地争取到了十小时工作法案的顺利通过；第二件大事是
合作运动的发展。再次，提出了无产阶级的伟大使命即夺取政权，
并指出在争取无产阶级解放的总斗争中不能忽视其重要的组成部
分——对外政策斗争。最后，强调了要加强工人们兄弟般的合作、
团结和联合，号召全世界无产者联合起来。《临时章程》包括导言
和章程两个部分。导言主要阐明了五个重要问题：一是无产阶级解
放要依靠自己去争取，二是无产阶级斗争的目标是消灭阶级统治，
三是无产阶级解放的根本途径离不开经济解放，四是劳动解放是一
个国际性问题，五是无产阶级要实现彻底的解放必须加强团结、合
作和联合。《临时章程》总共分为 10 个条目，分别规定了协会设立
的目的、协会正式的名称、全协会工人代表大会（第一国际的最高
权力机关）、总委员会（第一国际代表大会闭会期间的领导中心）
以及各基层支部和加入的工人团体有相对独立性等重要问题。

　　中央委员会制定的纲领和章程对第一国际后来的实践活动发展
发挥了重要的作用，甚至对整个国际工人运动史都产生了重大影
响。之所以认定总委员会顺利完成了此项重任的原因主要有两个。
其一，就其纲领和章程制定的过程而言，虽然辗转曲折，但总委员
会并没有受到各种宗派主义观念的影响，也没有草率批准，更没有
通过各种资产阶级和小资产阶级民主派制定的协会纲领。最终的结
果是经过中央委员会会议的几次讨论和小委员会的深度研究，同意
通过了马克思巧妙修订的《成立宣言》和《临时章程》，明确了第

一国际建立的目的，规定了工人阶级的奋斗目标，体现了科学社会主义的原则，保证了国际工人运动正确的前进方向。其二，就其纲领和章程制定的内容而言，看似温和，实则坚决。《成立宣言》和《临时章程》留有余地地表述了第一国际团结的主张，全文没有使用"共产党""共产主义"等术语，也没有提到消灭生产资料私有制和消灭阶级的主张，更没有明确地提出推翻资产阶级统治，实现无产阶级专政的主张，却以委婉、含蓄的语言巧妙地阐述了《共产党宣言》的全部思想。《成立宣言》和《临时章程》的顺利通过，充分说明中央委员会为无产阶级政党性原则的问世，为后来无产阶级政党的建立奠定了一定的思想和组织基础。

（三）建立和巩固直属机构

第一国际支部是总委员会的直属机构，是第一国际的基层组织。总委员会在建立初期，除了组建其执行机构、制定纲领和章程之外，另外的一项重要任务是建立和巩固直属机构——各国支部。与此同时，中央委员会也非常欢迎各国工人团体加入第一国际成为总委员会的附属机构。在1864年11月22日中央委员会的会议上，一致通过了由马克思提议、惠勒附议的决议——"邀请各工人组织作为团体会员加入本协会"[①]。总委员会在组建期，其直属机构的建立情况如下。

情况较为特殊的是英国，第一国际在英国并未建立支部。从第一国际成立之日起，不列颠委员会的职能就由中央委员会来履行，第一国际在英国的领导权也全部集中在中央委员会手中。第一国际成立之前，英国有一定的工人运动基础，这对于总委员会在英国方

---

① 王学东主编《国际共产主义运动历史文献：第5卷（第一国际总委员会文献1864～1867）》，中央编译出版社，2011，第16页。

面的活动有重要的意义。第一，英国工人在运动中经过长期的锻炼和磨砺，具备积极回应国际事件的能力和政治敏感度。比如，赞同美国林肯总统解放黑奴运动、反对英国统治阶级干预美国内战等。第二，英国工人组织的建设和发展，为第一国际总委员会提供了一定的人事基础。第一国际成立之前，英国建立了英国工人联合会。总委员会建立后，奥哲尔、克里默等许多工联领袖都成了总委员会的领导人员。第三，在工人运动实践中积累的组织经验和工作经验也都带到了总委员会的工作之中。反映在实际工作中，最为典型的是商议传统。总委员会委员若要将某一问题提交总委员会进行讨论、商议，应该预先通知；提出的建议或候选人，一定要有第二个人附议，这是英国人在长期的工人运动中积累的实践经验。1869 年10 月总委员会的通讯上，黑尔斯提议，应该建立以代表大会决议为纲领基础的英国支部，将其称为"全国劳动工同盟和国际工人协会英国支部"[1]。提议的主要依据是第一国际成立于伦敦，总委员会的所在地也设立在伦敦，但是第一国际在国外的发展远远要大于在伦敦的发展。总委员会要处理的事务繁多，需要建立一个组织来处理英国本国内部的事务。哈里斯也提出修正案，"总委员会认为尽快建立一个国际工人协会的英国支部是必要的"[2]。后来，总委员会又重新讨论了建立英国支部的问题。米纳尔赞成建立一个英国支部，但又担心因此会分散总委员会的职权。还有委员强调，"我们需要一个英国支部来做一些作为总委员会不便干预的有关其本国的事务"[3]。

---

[1]　王学东主编《国际共产主义运动历史文献：第 6 卷（第一国际总委员会文献 1868～1869）》，中央编译出版社，2011，第 183 页。

[2]　王学东主编《国际共产主义运动历史文献：第 6 卷（第一国际总委员会文献 1868～1869）》，中央编译出版社，2011，第 183 页。

[3]　王学东主编《国际共产主义运动历史文献：第 6 卷（第一国际总委员会文献 1868～1869）》，中央编译出版社，2011，第 185 页。

可是，此事一直是议而不决，并无进展。1869 年 11 月 2 日的总委员会通讯上，马克思还特别询问了总委员会就建立一个英国支部问题所采取措施的进度问题，黑尔斯答复，此事已搁置了。由此，总委员会在英国一直未建立支部，一直由总委员会代替行使职权、履行义务。

从 1864 年 12 月起，第一国际法国支部开始活动。总委员会为使巴黎支部成为第一国际在法国的组织和指挥中心，以便于组织、领导、协助、巩固巴黎支部的活动，主要做了以下几方面的重要工作。第一，任命通讯员组成理事会领导巴黎支部。在 1865 年 3 月 7 日的中央委员会会议上，进行讨论的第三项决议是"中央委员会恳切地建议巴黎理事会同公民勒福尔和贝律兹达成协议，使他们和他们所代表的那一批工人在理事会中有三名代表。中央委员会虽然表示这样的愿望，但是没有权利并且也不打算把自己的意志强加于巴黎理事会"①，这个决议在会上得到一致通过。第二，选举新的法国通讯书记。在 1865 年中央委员会会议上，由马克思提议、克里默附议的决议是"公民杜邦被任命为法国通讯书记"②，得到一致通过。第三，支持巴黎支部改组。1864 年底，刚刚开始活动的巴黎支部外部受到资产阶级政府的排挤，内部出现派系冲突和斗争，使其难以展开正常工作。弗里布尔曾这样向总委员会报告法国支部在工作中所遇到的困难，他说："在我们这里不允许举行集会，报刊保持沉默，并有敌对情绪，巴黎工人对任何新计划都抱怀疑态度，因此，为了租赁房屋和出版章程而进行募捐时，我们不得不局限于作

---

① 王学东主编《国际共产主义运动历史文献：第 5 卷（第一国际总委员会文献 1864～1867）》，中央编译出版社，2011，第 42～43 页。

② 王学东主编《国际共产主义运动历史文献：第 5 卷（第一国际总委员会文献 1864～1867）》，中央编译出版社，2011，第 53 页。

口头宣传。"① 1865 年 4 月 26 日召开了巴黎工人团体代表会议选举支部理事会促进委员会。会议在广泛选举的基础上，改组了支部的领导机构，会议建议选举十七人组成委员会。之所以选举十七人组成巴黎支部理事会促进委员会，是因为即使再加上三名通讯员也不会超过二十人的限额。这样就可以避免受到法国政府的干涉，因为凡是超过二十人举行任何会议都需要获得警察局长的特别许可。巴黎支部的改组，为第一国际在法国的活动提供了便利，减轻了资产阶级当局政府的排挤。后来选举出来的十七个委员包括装订工人瓦尔兰、磨压工人卡梅利纳等，许多在法国无产阶级的真正代表都被选入第一届委员会，这充分说明了第一国际在法国工人中的影响。

德国于 1863 年 5 月建立了全德工人联合会。全德工人联合会是继共产主义者同盟之后德国第一个无产阶级的独立政治组织，但它不是一个真正的无产阶级革命政党。全德工人联合会内部虽然汇聚着一批真正的无产阶级革命青年，但是其领导人拉萨尔一直推行改良主义路线。第一国际成立不久，总委员会致力于加强第一国际与德国已存在的工人组织之间的联系。实际情况证明，由于受到1850 年起就在普鲁士生效的结社法的限制（德国其他邦也有类似的法律），法律规定凡是同国外其他组织联系的团体都被禁止，总委员会与德国工人组织建立密切联系变得十分困难。为此，总委员会另辟蹊径，在德国以发展个人会员为目标，以成立一些互不联系的直属机构——小型支部为发展途径。以这样巧妙、灵活的方式，既成功地避开了反动法律对第一国际的限制，同时，也增强了第一国际在德国的影响。德国的小型支部很快都逐步建立，包括 1865

① 〔苏〕巴赫、戈尔曼、库尼娜编《第一国际：第一卷（1864～1870 年）》，杭州大学外语系俄语翻译组译，生活·读书·新知三联书店，1980，第 251～252 页。

年 10 月在佐林根建立的德国第一个支部、李卜克内西在柏林建立的柏林支部、1866 年上半年建立的马格德堡支部等。

在德国，非法存在的总委员会的直属机构——国际支部利用德国各城市的合法工人组织和民主派组织作为其活动场所。马克思认为，总委员会领导德国支部最为重要的一项任务就是力求全德工人联合会以一个组织的身份加入国际。这既有利于保证全德工人联合会沿着革命活动的道路前进，又有利于全德工人联合会与国际的紧密团结，对全德工人联合会和国际工人协会都具有重要意义。然而，实现这个计划遭到了拉萨尔派首领们的强烈反对。

在总委员会的领导和帮助下，第一国际不仅在上述国家建立了规模庞大的支部，而且在瑞士、比利时、奥匈帝国、美国、俄国等国都建立了不同程度、不同规模的支部。建立和巩固各国支部是总委员会在组建期完成的重要工作，为第一国际后来的发展奠定了重要的组织基础。

二　初创时期 （1866～1869）

1866 年以后至 1870 年以前的阶段是总委员会的初创时期，这一时期是继总委员会组建时期之后，与总委员会发展时期之间的重要过渡。总委员会在初创时期的主要特征是，壮大总委员会委员队伍，细化总委员会委员的分工以及扩大总委员会直属、附属机构的规模。

（一）壮大总委员会委员队伍

在 1866 年至 1869 年四年中，总委员会在委员会会议上不间断地增补总委员会委员、候补委员，选举总委员会委员，壮大总委员会的人员队伍。总委员会壮大人员队伍的途径主要有以下三个。

第一，总委员会在会议上提名总委员会候补委员，候补委员再经选举成为委员。如弗雷德里克·卡尔德，在 1867 年 4 月 30 日总委员会会议上，在肖的提议和德尔的附议下，他先被提名为委员会委员候选人，① 在同年 5 月 7 日的总委员会会议上，经过讨论、投票当选为正式委员。②

第二，不经过提名候补委员的程序，直接由总委员会至少一名委员提名，经过民主选举成为委员。比如，W. 哈里和 F. 哈维，他们在 1866 年 6 月 5 日中央委员会会议上由克里默、达顿提名，③ 后经民主选举成为正式的委员。又如，弗雷泽在 1869 年 3 月 9 日委员会会议上，只经莫里斯一人提名，后在 6 月 8 日委员会会议上经民主选举成为正式委员。总委员会委员的候选人作为总委员会委员的储备力量，可以通过选举的方式成为正式委员，同时也存在最终没能成为正式委员的可能性。如在 1867 年 10 月 1 日委员会会议上被提名的纽伯里④就只是总委员会委员候选人，后来并未成为正式委员。

第三，从委员中挑选，将合适人选直接补入总委员会的执行机构之中。如在 1866 年 10 月 16 日委员会会议上，补选卡特、怀特黑德、劳伦斯三人进入总委员会执行机构常务委员会。⑤ 1868 年 10 月 20 日在委员会会议上，由马克思提议将科恩补入总委员会执行机构——小委员会。

---

① 王学东主编《国际共产主义运动历史文献：第 5 卷（第一国际总委员会文献 1864～1867）》，中央编译出版社，2011，第 273 页。
② 王学东主编《国际共产主义运动历史文献：第 5 卷（第一国际总委员会文献 1864～1867）》，中央编译出版社，2011，第 274 页。
③ 王学东主编《国际共产主义运动历史文献：第 5 卷（第一国际总委员会文献 1864～1867）》，中央编译出版社，2011，第 158 页。
④ 英国的国际会员。
⑤ 王学东主编《国际共产主义运动历史文献：第 5 卷（第一国际总委员会文献 1864～1867）》，中央编译出版社，2011，第 207 页。

1866 年先后选举十六人为中央委员会委员，即奥尔蒂加、莫里斯、詹姆斯·特拉尼、艾尔斯、F. 亚罗、詹姆斯·李、理查·奥弗顿、布莱廷、W. 哈里、F. 哈维、约·雅耶、劳斯顿、贝松、W. 马斯曼、W. 斯托凯、勒·梅斯特尔。1867 年，威廉·黑尔斯、乔治·德鲁伊特、弗雷德里克·卡尔德、凯勒、哈里埃特·罗夫人、尼尔等人一并被选为总委员会委员，纽伯里被提名为总委员会委员候选人。1868 年，E. 迈克森、哈勒克和哈勒克夫人、若昂纳尔、柯普兰等人被选为总委员会委员。1869 年，布恩、弗雷泽、哈里森、唐森、塞拉叶、约瑟夫·谢泼德、托马斯·莫特斯赫德、威廉·黑尔斯等人成为总委员会委员，提名约翰·帕尔默为总委员会委员候选人。

（二）细化总委员会委员分工

伴随着第一国际的成长，自 1866 年起总委员会从组建时期稳步进入初创时期。为了能够更好地履行职能、发挥功能，总委员会内部分工进一步明确和细化，主要体现在以下五个方面。

第一，定期重新选举、委任总委员会内部职位。在 1865 年 3 月 20 日委员会会议上，选举肖①为总委员会临时书记。在 1866 年 9 月 25 日委员会会议上，以投票表决的方式重新选举了总委员会内部的负责人员。选举出下一年度（1867）的主席、副主席、总书记和财务委员，分别为奥哲尔、埃卡留斯、福克斯和德尔。在 1867 年 9 月 24 日委员会会议上，重新委任了总委员会财务委员肖，同时，还决定取消财务书记一职，将财务书记的一切职责移交给总书

---

① 肖·罗伯特（Shaw Robert，死于 1869 年），英国工人运动的领袖之一，彩画匠，1864 年 9 月 28 日圣马丁堂国际成立大会的参加者，国际总委员会委员（1864～1869），积极参加总委员会的活动，在工联基层组织中宣传国际的思想；总委员会书记（1866 年 12 月至 1867 年 7 月）、财务委员（1867～1868），美国通讯书记（1867～1869），国际伦敦代表会议（1865）和布鲁塞尔代表大会（1868）的代表。

记。在1869年9月14日委员会会议上，埃卡留斯当选为总书记，斯特普尼当选为财务委员。定期重新选举、委任总委员会内部岗位，有利于激发总委员会的运作活力，防止由人员固化而导致运行效率低下的情况发生。

第二，任命各国通讯员。1866年至1869年，总委员会在组建时期的基础上，又先后任命了法国、英国、美国等地的通讯员，具体如下：1866年分别于4月3日任命马迪奥为法国雷恩地区通讯员，9月25日任命安德烈为法国波尔多和勒斯帕尔区的通讯员；在1868年8月11日委员会会议上，任命约翰·霍姆斯为英国利兹地区的通讯员；同年9月29日任命纽约的齐格弗里特·迈耶尔和佩尔蒂埃分别为美国的法国人通讯员和德国人通讯员。

第三，任命有权增加委员人数的总委员会委员。在1867年9月24日委员会会议上，指定了有权增加委员人数的总委员会委员名单，其中包括贝松、巴克利、卡特、德尔、杜邦、埃卡留斯、福克斯、哈里埃特·罗、黑尔斯、豪威尔、荣克、鲁克拉夫特、列斯纳、拉萨西、拉法格、劳伦斯、马克思、摩尔根、莫里斯、奥哲尔、肖、斯坦斯比、威廉斯、沃尔顿、维斯顿、亚罗、札比茨基。

第四，补充任用各国通讯书记。1866年至1869年，总委员会在组建时期的基础上，又陆续补充了一大批通讯书记，主要的任用方式有三种。其一，任命制。如在1866年3月27日委员会会议上任命拉法格为西班牙通讯书记，1866年10月16日委任雅克·万－瑞恩为荷兰通讯书记，1867年11月20日的特别会议上任命罗·肖为美国通讯书记，1868年9月29日委员会会议上委任贝尔纳为比利时通讯书记。其二，选举制。如在1866年5月1日中央委员会会议上，选举了贾科莫·特拉尼为意大利通讯书记。其三，提名审批制。如1866年11月6日，总委员会同意并接受了之前提名的安东尼·札比茨基、贝松分别为波兰、比利时通讯书记。值得补充的是，在 1867 年 9 月 24 日委员会会议上，就"委任负责人员"问题，清晰罗列了各主要国家通讯书记的任用名单，其中包括欧仁·杜邦为法国书记，卡尔·马克思为德国书记，札比茨基为波兰书记，海尔曼·荣克为瑞士书记，詹姆斯·卡特为意大利书记，彼得·福克斯为美国书记，保尔·拉法格为西班牙书记。各国通讯书记的任用不是永久制，受到其工作水平、个人情况等的综合考量，随时都有变动的可能。

第五，增添专项岗位。为了便于总委员会顺利发挥职能，总委员会内部的岗位得到了进一步细化，专门增设了一些新岗位，这也是推动总委员会队伍壮大的一个重要因素。其中最具代表性的有查账员岗位、审计员岗位、档案保管员岗位等。在 1868 年 8 月 11 日委员会会议上，由马克思提议、列斯纳附议，任命巴克利和柯普兰为总委员会查账员；同年 12 月 1 日，由杜邦提议、若昂纳尔附议，委任马克思为档案保管员。在 1869 年 8 月 10 日委员会会议上，任命韦斯顿和米尔纳为审计员。

（三）扩充直属、附属机构

总委员会在初创时期，除了壮大总委员会的人员队伍之外，也努力通过扩充其直属、附属机构的办法，积极扩大其组织规模，具体情况如下。

1. 增加国际分部、分会、支部

国际支部是总委员会的直属机构，是第一国际的基层组织。国际分部、分会是指由若干个国际支部联合在一起组成的国际联合会。若干个国际支部组成国际的分部，国际分部内部又可自发组建联合会形成国际分会。国际支部、分会、分部既是总委员会的直属机构，又保持着各自的独立性。总委员会在组建时期先后在德国、法国、瑞士、比利时、奥匈帝国、美国等国建立了一批国际支部。总委员会由组建时期进入初创时期后，直属机构的规模得以进一步扩大，很多国家成立了国际的分部和分会。1866 年至 1869 年四年间，陆续建立了一大批国际支部、分部、分会，总委员会的组织规模得到了进一步的壮大和发展，使总委员会在欧洲大陆上的存在形态由"点状"逐渐发展为"片状"和"面状"。可以说，国际支部、分部、分会数量的增加，充分体现着第一国际在世界范围内影响的扩大，反映了无产阶级国际联合程度的加强，也代表着总委员会组织运作的实际成效。

总委员会直属机构（国际支部、分部、分会）数量增加的信息来源主要有以下三个。

第一，通过支部来信、通讯的方式。在 1866 年 7 月 10 日中央委员会会议上，总委员会同意并批准了（通过弗勒里欧来信得知的）法国里昂附近索恩河畔地区成立的国际新分会。在 1866 年 12 月 8 日委员会会议上，荣克报告了瑞士的通讯，通讯显示"协会在瑞士显示了很大的积极性。11 月 25 日在洛克勒举行了一次会议。创立了一个分部，任命了委员会，吸收了许多会员"①。在 1867 年 1 月 29 日总委员会会议上，宣读了比利时列日的一封信，宣布在比利时成立了一个协会新部。在同年 3 月 5 日的总委员会会议上，荣克宣读了来自拉绍德封（瑞士西部城市）的信，告知总委员会已成立了四个新的协会分部。在 5 月 7 日的总委员会会议上，宣读了巴黎的一封来信，宣布在法国北部城市亚眠成立了新分部。在 5 月 14 日总委员会会议上宣读了阿普尔加思先生的来信，信中表示在他的

①　王学东主编《国际共产主义运动历史文献：第 5 卷（第一国际总委员会文献 1864～1867）》，中央编译出版社，2011，第 234 页。

帮助下在英格兰诺福克郡的林恩成立了一个新部。5 月 21 日，巴黎给总委员会的来信提到阿尔及尔建立了协会的一个分部。1868 年12 月 22 日委员会会议上，宣读了比利时的来信，信中表示，国际支部在比利时进展得十分顺利，1867 年只有 3 个分部，现已有 60个，他们每周可获得 1000 名新的拥护者。[①] 在 1869 年 11 月 23 日委员会会议上，荣克宣读了一封来自法国圣艾蒂安的信，告知总委员会那里成立了一个共有 30 名会员的支部；同年 11 月 30 日委员会会议上宣读了巴黎马隆的来信，信中告知在巴黎附近的蓬图瓦兹成立了一个农业工人的国际分部（拥有会员 25 名），在巴蒂尼奥尔也成立了一个由联合起来的工人们组成的国际分部。

第二，通过报刊刊登的方式。瑞士尼翁成立的分部就是通过刊登在《未来呼声报》第 23 号上才得以告之总委员会的，该通告下面还刊登了当时在日内瓦活动的 23 个国际支部总名单。1869 年 6月 1 日委员会会议上，荣克表示通过 1869 年 5 月 30 日《国际报》第 20 号上的报道得知，阿姆斯特丹支部已自命为荷兰中央支部。

第三，通过国际支部书记在总委员会会议上宣布的方式。1867年 8 月 20 日总委员会在克利夫兰咖啡馆开会[②]，会上瑞士书记荣克宣布在伯尔尼建立了一个分部[③]。法国书记杜邦宣读了菲沃矿工的一封来信，宣布他们在法国建立了一个分部。

另外，在 1868 年 12 月 1 日委员会会议上，荣克特别报告了关于近期国际分部的成立情况，具体如下：美国圣弗朗西斯科（旧金

[①]　这些数字是万丹胡亭在他 1868 年 12 月 9 日致贝尔纳的信中提供的。

[②]　记录是 1867 年 8 月 24 日《蜂房报》第 306 号的简报，上面载有总委员会 8 月 20 日会议报道。简报贴在记录本第 105 页上。当前详见《国际工人协会总委员会记录本》，载王学东主编《国际共产主义运动历史文献：第 5 卷（第一国际总委员会文献 1864 ~ 1867）》，中央编译出版社，2011，第 307 页。

[③]　1867 年夏，伯尔尼成立了工人联合会，并宣布为国际的分部。联合会派了自己的代表印刷工人阿列曼参加洛桑代表大会。

山）成立了几个新分部；在普鲁士的锡格堡、巴登的勒拉赫和赛金根、瑞士的莱茵费尔登，各成立了一个支部；瑞士的吕策尔弗吕成立了一个支部；还成立了两个由妇女组成的支部，一个在日内瓦，一个在巴塞尔。

1866 年至 1869 年，在法国、瑞士、比利时、美国、荷兰等国建立了一大批国际支部、分部和分会，总委员会直属机构的规模急速扩张，这既推动了国际工人运动的蓬勃发展，同时也增强了第一国际在世界范围内的影响力，这是总委员会在初创时期的重要标志之一。

2. 鼓励工人团体加入国际

总委员会在初创时期，除了通过增加国际分部、分会、支部的方式扩充直属机构规模之外，也通过鼓励工人团体加入国际以此壮大其附属机构的组织规模。1866 年至 1869 年总委员会先后接纳了来自英国、德国、美国、瑞士、比利时、荷兰等国几十个工人团体加入第一国际，主要包括考文垂织带工人协会、裁缝协会，萨克森的所有工人协会、西头细木工联合会、箍桶匠互助会，金斯兰路曼斯菲尔德街米德尔顿大厦的图案绘制工人和木板雕刻工人团体，伦敦风琴匠、马车制造匠协会，兰（开夏郡）、德（比郡）、约（克郡）和柴（郡）刻板印刷工人联合会、马车修理匠协会，英国全国锻工协会，新泽西霍博肯团体，利物浦雪茄烟工人团体，日内瓦雕刻匠，西蒂区女装工人，比利时工人团体联盟，安特卫普的"人民联盟"，韦尔维耶的"自由工作者"，安特卫普的木工和细木工协会以及瑞梅的被解放者协会①，瑞士德意志工人教育协会，伦敦

---

① 工人团体"被解放者"（Les Affranchis）是 1868 年 5 月 24 日在瑞梅（沙勒罗瓦煤田）作为国际支部成立的。

制箱工人协会，德国萨克森矿工协会①，苏黎世染丝工人协会，日内瓦鞋匠协会②，阿姆斯特丹造船协会，莱比锡装订工人协会，巴黎西部和鲁贝成立的新团体、鞋匠工会③，荷兰各工会组成的"全国劳动联合会"等。

三　发展时期（1870～1872）

笔者将1870年至1872年界定为第一国际总委员会的发展时期，主要是由于在这一时期总委员会除了继续提名、选举总委员会委员（这其中就包括恩格斯④），添补小委员会委员，接纳国际会员（特别值得一提的是，反奴隶运动的著名领袖温德尔·飞利浦斯也在这一时期加入了国际队伍），欢迎工人组织、团体加入国际，鼓励各国继续成立国际分部（自总委员会组建时期起，除在德国、法国、瑞士、比利时、奥匈帝国、美国、俄国等国陆续建立国际分部之外，在此时也授权了印度、新西兰、阿根廷等国主动提出建立分部的要求），扩充总委员会队伍，扩大国际影响之外，总委员会在这一时期还进行了重新改组，其职权范围也达到了顶峰，进一步规定了各国委员会等组织的名称，成立专门委员会负责处理第一国际具体事务用以节省总委员会的时间。此时，总委员会的社会动

---

① 是指卢高、下维施尼茨和厄尔斯尼茨的萨克森矿工，他们于1868年11月15日给总委员会来信，报告他们决定加入国际。

② 1869年4月17日《平等报》第13号上，刊载通知宣布鞋匠协会要求加入国际协会。《平等报》报道："那将是国际在日内瓦的第26个支部。"

③ 瓦尔兰在1869年10月11日写给荣克的信中提到鞋匠工会在10月10日举行的全会上宣布加入国际。

④ 在此时，恩格斯终于摆脱了商业束缚，在1870年9月由曼彻斯特移居伦敦。同年，9月20日的总委员会会议上，由马克思提议、埃卡留斯附议、列斯纳支持，恩格斯被提名为总委员会委员。10月11日，恩格斯第一次出席总委员会会议，从此，正式在国际总委员会中分担具体领导工作。

员、宣传联络、思想领导等功能发挥到了极致，主要表现为促进法国无产阶级实现打碎资产阶级国家机器的第一次伟大尝试，建立了历史上第一个无产阶级政权——巴黎公社。同时，总委员会在这一时期还积极筹办了第一国际的最后一次代表大会——海牙代表大会。总委员会发展时期的主要特点有以下几个。

（一）重新改组

总委员会自 1871 年起就开始逐步进行改组。首先，以投票表决的方式任命了总委员会的总书记。在 1871 年 9 月 26 日举行的总委员会会议①，由荣克主持，出席委员 21 名。会议要民主选举产生新的总书记，会上提出了两个候选人。马克思提议、塞拉叶附议由黑尔斯任总书记，布恩提议、泰勒附议由莫特斯赫德任总书记。最后，经过表决，以 15∶5 的结果黑尔斯当选为总书记。

其次，成立财务委员会。在 1871 年 9 月 26 日总委员会会议上，马克思提议改变过去的记账方式。这是伦敦代表会议第八次会议通过的决议"代表会议赞成总委员会的财务工作，并且同意特别委员会的结论，请总委员会特别注意必须采用更清楚的记账方式"②的深刻落实。马克思的提议被通过，会上并特别指定布恩、莫特斯赫德和恩格斯三人成立财务委员会，委任泰斯为财务委员。

最后，以投票表决的方式又重新任命各国通讯书记。总委员会

---

① 此次会议召开于伦敦代表会议之后的第三天。国际的第二次伦敦代表会议（The London Conference）（1871 年 9 月 17~23 日）的召开是由于必须采取措施以便于促进国际的团结和组织上的稳定和巩固，此次会议是第一国际同巴枯宁派和其他力图分裂国际的派别组织和团体的斗争势在必行的情况下召开的。22 名有表决权的代表和 10 名有发言权的代表参加会议。马克思代表德国，恩格斯代表意大利，杜邦代表法国，埃卡留斯代表美国。伦敦代表会议总共召开了九次会议，全部属于秘密工作会议性质。会上主要讨论了三个主要问题：其一，组织问题；其二，关于工人阶级的政治行动问题；其三，关于巴枯宁派的分裂问题。

② 王学东主编《国际共产主义运动历史文献：第 7 卷（第一国际总委员会文献 1870~1871）》，中央编译出版社，2011，第 526 页。

又先后于 1871 年 9 月 26 日、10 月 2 日[①]、10 月 10 日[②]举行的总委员会会议上，先后任命马克思为德国书记，弗兰克尔为匈牙利和奥地利书记，塞拉叶为法国书记，恩格斯为西班牙书记，麦克唐奈为爱尔兰书记，埃尔曼为比利时书记，埃卡留斯为美国书记，荣克为瑞士书记，罗莎为荷兰书记，莫特斯赫德为丹麦书记，勒穆修为美国的法语支部书记，符卢勃列夫斯基为波兰书记。1872 年 6 月 11 日在拉脱本广场 33 号举行的总委员会会议[③]上，继续将总委员会改组问题作为海牙代表大会上提出和讨论的首要问题，这一提议得到了与会者的一致通过。深入探索和落实改组问题，是总委员会发展时期最为显著的特征。

（二）权力扩大

1871 年第一国际召开的第二次伦敦代表会议，重点讨论了三个主要问题。其中的第一个问题就是组织问题，而组织问题的中心即是关于"加强总委员会权力"的问题。自 1872 年 6 月 25 日召开的总委员会会议开始直至 8 月，总委员会先后就"总委员会的权力"问题展开了商讨，重新修订了《国际工人协会的共同章程和组织条例》[④]。修订后的《共同章程和组织条例》规定，总委员会权力得到进一步扩大，其具体表现主要在以下几个方面。第一，总委员会有权增加新委员。第二，总委员会有权接受或者拒绝工人团体、小组加入第一国际。第三，总委员会有权暂时开除国际的分部、支部、联合会、联合会委员会（直到应届代表大会为止）。第四，总

---

① 此次总委员会会议的报道载于 1871 年 10 月 22 日《雷诺新闻周报》上。
② 此次总委员会会议的报道载于 1871 年 10 月 22 日《雷诺新闻周报》上。
③ 此次总委员会会议的报道载于 1872 年 6 月 16 日《东邮报》第 194 号和 6 月 22 日《国际先驱报》第 12 号上。
④ 详见王学东主编《国际共产主义运动历史文献：第 8 卷（第一国际总委员会文献 1871～1872）》，中央编译出版社，2011，第 349～361 页。

委员会有权解决其直属机构（国际支部）之间、附属机构（附属团体）之间的矛盾和纠纷。马克思在 1872 年海牙代表大会①上还专门作了《关于总委员会的权力的发言》。在 1870 年至 1872 年发展期，总委员会的职权得到了进一步的扩大，既有利于巩固总委员会在第一国际的中心领导地位，提高其实际的领导效果，同时也是对第一国际内部各资产阶级分裂派别试图篡夺领导权阴谋的严厉反击。

（三）组织专门委员会

伴随着总委员会运作机制的日益成熟，为了进一步细化职能，提高总委员会工作效率，节省总委员会处理琐碎事务的时间，在 1870 年至 1872 年，总委员会陆续组织了多个专门委员会，这是总委员会发展期的另一重要特征。其中具有代表性的专门委员会有以下几个。

专门制定国际工资手册委员会。第一国际的主要任务就是要及时追踪并发布各国工人阶级状况、利益的相关情况，如工资差别、工人生存状况等，因此，收集各国工人阶级工资状况、统计相关数据至关重要。但由于总委员会领导第一国际的任务繁重，此项工作的进展一直处于停滞不前的状态。在 1871 年 5 月 2 日的总委员会会议②上，莫斯特赫德就提出了组织专门委员会负责此事的想法。米尔纳同意他的想法，大会决定在下次会议上作进一步的研讨。

调查委员会。在 1871 年 10 月 10 日召开的总委员会会议③上，总委员会书记约翰·黑尔斯特别提醒总委员会注意，在决定不准报道代表会议情况的前提下，《苏格兰人报》④ 竟然出现了一篇有关

---

① 1872 年 9 月 2 日至 7 日在荷兰召开的海牙代表大会是国际的最后一次代表大会。
② 此次会议的报道载于 1871 年 5 月 6 日《东邮报》第 136 号上。
③ 此次会议的报道载于 1871 年 10 月 22 日《雷诺新闻周报》上。
④ 《苏格兰人报》（The Scotsman），苏格兰自由主义者的报纸，1817 年起在爱丁堡出版，1855 年起改为日报。

代表会议活动情况的报道。他看过这篇文章后，怀疑此文定是出自代表会议的出席者之笔。龙格也表示，在法国报纸上也见过一篇译自《科伦日报》的报道。马克思指出，龙格所说的报道和书记在《苏格兰人报》上见到的报道本质上是一样的。为此，马克思提议建立一个调查委员会调查此事，弗兰克尔附议，提议得到一致通过并任命荣克、米尔纳、哈里斯为调查委员会委员。

"纪念三月十八日一周年"筹备委员会。在 1872 年 2 月 20 日举行的总委员会会议①上，荣克提议应该采取措施纪念巴黎公社革命起义一周年。他高度评价了此次起义的重要意义，他说："迄今为止，国际一直是纪念 1848 年六月工人起义，因为那次起义是工人阶级夺取政权的第一次尝试，但是因为三月十八日起义是第一次成功，他认为现在应该纪念三月十八日了。"② 库尔奈附议此项建议，布恩表示支持并建议组织一个委员会进行筹备，此建议得到了一致的通过。会上指定荣克、布恩、泰勒、米尔纳、麦克唐奈共同组成这个筹备委员会，并有权自行增补委员。

仲裁委员会。在 1872 年 2 月 23 日举行的总委员会会议③上，塞拉叶提议组织一个仲裁委员会，一切有关个人问题或者与此相关的事情都交由仲裁委员会处理。他指出："一切个人问题和与此有关的事情都交给它去处理。该委员会应对交来的所有问题有解决和裁决的全权。"④ 除了有关开除的决定之外，仲裁委员会所作出的其他决定不得上诉。会上，马克思、黑尔斯、默里、布列德尼克、朗

---

① 此次会议的报道载于 1872 年 2 月 24 日《东邮报》第 178 号和 1872 年 3 月 2 日《国际先驱报》第 1 号，后来又转载于 1872 年 4 月 6 日《伍德赫尔和克拉夫林周刊》第 21 期。
② 王学东主编《国际共产主义运动历史文献：第 8 卷（第一国际总委员会文献 1871～1872）》，中央编译出版社，2011，第 74 页。
③ 此次会议的报道载于 1872 年 2 月 17 日《东邮报》第 177 号上。
④ 王学东主编《国际共产主义运动历史文献：第 8 卷（第一国际总委员会文献 1871～1872）》，中央编译出版社，2011，第 71 页。

维埃发言表示赞成这一提议。最终决议案以绝大多数投赞同票通过。最后，提名了 8 名委员会成员，分别为阿尔诺、布列德尼克、朗维埃、米尔纳、普芬德、荣克、布恩、符卢勃列夫斯基。

特别值得一提的是，在 1871 年 10 月 6 日晚举行的总委员会非常会议①上就成立了三个专门负责具体事务的委员会：由恩格斯、马丁、勒穆修组成的负责综合瓦扬和塞拉叶提议负责修订章程②的委员会，由马克思、荣克、塞拉叶组成的负责准备新版共同章程和代表会议决议的委员会，由勒穆修、弗兰克尔、荣克组成的负责印刷会费券和刻制总委员会新的正式图章的委员会。这些具体事务看似细致、琐碎，但却不容忽视。总委员会作为第一国际的领导机关，负责领导第一国际的全部事务，将具体事务进行分类，组织专门委员会进行处理和解决，既推动相关事务的工作进展，同时也为总委员会节省一些时间可用于处理其他事务，这是总委员会发展时期的重要特征。

四　衰落时期（1873~1876）

自海牙代表大会之后，总委员会驻地从伦敦迁到纽约直至 1876 年 7 月 15 日第一国际正式宣布解散，这一阶段总委员会由发展壮大逐步转向衰落。巴黎公社革命失败后，总委员会已无法在伦敦进行正常的工作。第一国际在伦敦可以说是处于内忧外患之中，外部受到欧洲白色恐怖反动形势的干扰，内部以黑尔斯为首的工联派和

---

① 此次总委员会会议的报道载于 1871 年 10 月 22 日《雷诺新闻周报》上。

② 在 1871 年 9 月 20 日召开的伦敦代表会议第 6 次会议上，瓦扬提出了一项关于政治问题和社会问题不可分割的联系和使工人的力量在政治基础上团结起来的必要性的决议草案。在讨论此决议案时，塞拉叶提议在决议案前面加上一段引言，阐明被歪曲了的章程译文的危害性。代表会议授权总委员会完成这两项修订工作。

巴枯宁派相互勾结，不断进行分裂活动。在伦敦早已失去活动的条件和基础的总委员会，本以为远离被反动气氛笼罩的欧洲可以求得柳暗花明的生机，然而，欧洲资产阶级政府并没有就此罢休，更没有停止对总委员会的围攻和绞杀。正如马克思后来在1878年时所指出的那样："罗马教皇和他的主教们诅咒国际，法国乡绅议会宣布它为非法，俾斯麦在奥、德两国皇帝在萨尔茨堡会见时叫嚣要对它来一次神圣同盟式的十字军征讨，白色沙皇让当时由感情用事的舒瓦洛夫所主管的可怕的'第三处'去对付它。"① 在这样的严峻形势下，总委员会克服重重困难，举步维艰地领导着第一国际，为无产阶级的解放事业不断努力。总委员会迁到纽约后，首先加聘左尔格为总委员会委员并选举他为总委员会总书记。1872年10月20日，总委员会在纽约发表《告国际工人协会各支部和联合会会员书》，正式宣布它于纽约开始正常工作，号召维护海牙代表大会的纲领和原则，贯彻海牙代表大会通过的各项决议，强调无产阶级在反对资产阶级的斗争过程中一定要加强国际主义大团结和大联合。总委员会希望尽管驻地迁往美洲，但是依旧可以积极发挥领导中心的作用，推动国际工人运动的发展。总委员会根据左尔格的建议，废除了原来由总委员会委员担任各国通讯书记的制度，确立了崭新的工作制度和工作机构。同时，还积极致力于筹备第一国际第六次代表大会。另外，总委员会一直强调要坚持海牙代表大会通过的各项决议，严格遵守第一国际的纲领、章程所确定的原则。然而，实际的工作收效并不理想，受到多种因素的综合影响，它已不能再发挥中心领导作用，也无法扭转总委员会走向衰落的局势。总委员会进入衰落时期的主要表现有以下几个。

---

① 《马克思恩格斯全集》（第25卷），人民出版社，2001，第325页。

（一）内部出现分裂

第一国际内部的分裂并不是始于总委员会迁往纽约之后，海牙代表大会被称为总委员会对各种资产阶级派别、无政府主义的"审判会"。在海牙代表大会上，总委员会获得了完全的胜利，总委员会的职权大大加强，巴枯宁派瓦解，分裂国际的活动也遭到了公开严厉的谴责，汝拉联合会的首领巴枯宁和吉约姆也已被第一国际开除。但是，这些无政府主义者并不就此罢休，他们联合一些反对国际和分裂国际的破坏分子继续活动。《总委员会向1873年9月8日在日内瓦召开的国际工人协会第六次全协会代表大会所作的秘密年度报告》中特别指出："我们所要解决的最令人不快的问题就是，国际工人协会内部出现了分裂活动。自1872年9月15日汝拉联合会在圣伊米耶召开特别代表大会时起，分裂活动就已经开始了。"[①]巴黎公社革命失败之后，欧洲的反动形势十分不利于总委员会扩大影响，这就给分裂势力带来了千载难逢的可乘之机，很多摇摆不定的人随即依附了无政府主义阵营。恩格斯也曾这样深刻地揭露巴黎公社失败后，分裂国际势力的动机更为明显，他说："当国际由于公社而在欧洲成为一种道义上的力量时，争吵马上就开始了。各个派别都想利用这个成就。不可避免的瓦解开始了。"[②]总委员会迁往纽约之后，英国的黑尔斯、荣克、莫特斯赫德、埃卡留斯等人也企图推动第一国际改弦易辙。但还好"由于原英国联合会委员会一些正直委员的警觉性和英国工人明辨是非的能力，他们的阴谋未能得逞"[③]。荷兰试图保持中立态度，其既赞同分裂主义的思想和主张，

---

① 王学东主编《国际共产主义运动历史文献：第13卷［第一国际第六次（日内瓦）代表大会文献］》，中央编译出版社，2015，第32页。

② 《马克思恩格斯选集》（第4卷），人民出版社，2012，第515页。

③ 王学东主编《国际共产主义运动历史文献：第13卷［第一国际第六次（日内瓦）代表大会文献］》，中央编译出版社，2015，第33页。

同时又和总委员会保持着联系。德国、丹麦、奥地利、瑞士德语区（这些国家的社会主义政党刚刚开始发展）对第一国际的态度日渐冷漠。到了后来，除了美国之外，没有一个国家的联合会坚定地站在总委员会一边，"而美国当时的工人运动仍很脆弱，并且差不多完全局限在永远争斗不休的德国流亡者的圈子里"①。总委员会内部的公开分裂是其走向衰落最为重要的标志。

（二）财政出现亏空

稳定的财政收入和充足的资金储备是保证总委员会正常运行的必要条件。财政出现问题是总委员会将驻地迁往纽约后走向衰落的重要原因。总委员会在纽约时的财政状况与其在伦敦时（收支处于基本平衡状态）相比较而言，更是每况愈下，可以用"一无所有"来形容。《总委员会向 1873 年 9 月 8 日在日内瓦召开的国际工人协会第六次全协会代表大会所作的秘密年度报告》中指出："总委员会的正常收入少得可怜，而且很不稳定，和世界各地保持频繁的通信往来所需要的邮资费，只能勉强支付。在 1873 年 1 月到 5 月这 5 个月中，总委员会甚至没有资金来支付邮费，而只能依靠各位不计报酬的委员们的真心和付出。"② 总委员会迁到纽约后，财政收入的主要来源有两个：其一，来自世界各地第一国际会员的会费；其二，来自各联合会、总委员会委员们的捐款。总委员会努力与其直属机构、附属机构、国际会员保持联系，但是来自世界各地分支的会费数额较小并且十分不稳定。"左尔格告诉我们，德国人十分慷慨，他们单在一期内就付给了二十五塔勒的巨款；奥地利人则送来

① 〔苏〕尤·米·斯切克洛夫：《第一国际》，刘永鑫、余克柔译，生活·读书·新知三联书店，1974，第 275 页。

② 王学东主编《国际共产主义运动历史文献：第 13 卷〔第一国际第六次（日内瓦）代表大会文献〕》，中央编译出版社，2015，第 28～29 页。

了一百盾；此外，荷兰和美国都付出了他们的会费。但其他国家，不论是意大利、西班牙、比利时、英国还是丹麦，都没有付出分文。而且有些国家，例如意大利和瑞士，反而经常要求总委员会帮助，而总委员会都没有使他们失望过。"①北美联合会是唯一能定期缴纳会费的联合会，只是由于联合会规模有限，会员人数不足1000人，还要维持多项日常开支（如联合会机关报《工人报》日常支出、援助逃亡到美国的巴黎公社社员及家庭的救援基金以及支持国内外工人罢工运动的捐款等），很难在经济上给予总委员会更大的帮助和支持。另外，从1874年4月起总委员会兼行美国联合会委员会的职能之后，与欧洲大陆国际组织的联系日渐隔绝，收到的捐款更为有限。因此，总委员会在纽约的财政长期处于亏空的状态。财政的严重亏空影响了总委员会的正常运作和活动能力，付不起工作人员的酬劳，没有印刷费用，被迫无限期地拖延印刷报告……1873年3月2日左尔格致信各支部时就曾说过："总委员会完全没有基金，也没有得到任何资助，它不得不中断重要的工作。"②

（三）失去与直属、附属机构的联系

总委员会总书记左尔格在《总委员会向1873年9月8日在日内瓦召开的国际工人协会第六次全协会代表大会所作的秘密年度报告》中汇报的有关总委员会与各支部的情况大体如下：英国、匈牙利、苏黎世德语支部联合会委员会与总委员会保持着频繁的通信往来并承诺缴纳会费；比利时、意大利与总委员会的通信联系已中

---

① 〔苏〕尤·米·斯切克洛夫：《第一国际》，刘永鑫、余克柔译，生活·读书·新知三联书店，1974，第281页。

② 张友伦：《第一国际纽约总委员会和北美联合会的关系及其主要活动》，《当代世界与社会主义》1986年第1期。

断，也没有缴纳任何会费；荷兰依旧拿出"侍奉二主"①、模棱两可的中立态度，与总委员会的通信联系并不多，却缴纳了会费；总委员会在丹麦、澳大利亚方面也是中断了联系，只能通过移民工人或者其他方式获取些许有关情况，也未曾收到他们的会费；德国、奥地利倒是与总委员会保持了频繁而稳定的通信往来并且正常缴纳会费②；西班牙与总委员会的通信往来十分不稳定，更没有缴纳会费；葡萄牙和西班牙一样与总委员会没有建立稳定的通信联系，但是承诺会缴纳会费……③以上内容只是 1873 年的情况，1873 年以后，总委员会财政亏空、入不敷出的情况愈发严重，甚至连联系国外支部和团体的邮资都无力支付，谈何与其正常往来和密切联系。"除了美国以外，总委员会差不多同其他一切国家的工人阶级和社会主义运动都割断了关系。它几乎收不到任何从外国来的通讯和报告，而主要依靠马克思和恩格斯获得一些情况，他们两人还多少同各国有些接触。"④ 总委员会逐步失去与其直属机构、附属机构的联系是总委员会走向衰落的又一重要标志。

---

① 特指荷兰试图保持中立态度，其既赞同分裂主义的思想和主张，同时又和总委员会保持着联系。

② 截至 1872 年 8 月，已收到德国会员寄来的会费 25.92 美元，奥地利寄来的会费 22 美元。

③ 以上情况来自《总委员会向 1873 年 9 月 8 日在日内瓦召开的国际工人协会第六次全协会代表大会所作的秘密年度报告》，详见王学东主编《国际共产主义运动历史文献：第 13 卷［第一国际第六次（日内瓦）代表大会文献］》，中央编译出版社，2015，第 35 ~ 37 页。

④ ［苏］尤·米·斯切克洛夫：《第一国际》，刘永鑫、余克柔译，生活·读书·新知三联书店，1974，第 281 页。

第三章
第一国际总委员会的组织结构
及其关系

一 组织结构

总委员会作为（国际代表大会闭会期间）第一国际的领导中心，为了保证总委员会组织功能得以发挥，组织机制得以顺利、有效地运行，建立了由执行机构、宣传机构、直属机构、附属机构共同构成的组织体系（见图 3－1）。

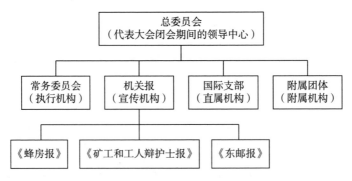

图 3－1 总委员会组织体系

（一）执行机构——小委员会

小委员会（Sub - Council）是总委员会组织体系中的执行机关。它诞生于 1864 年 10 月 5 日临时中央委员会的第一次会议上，最初成立的目的是负责起草纲领，"任命一个 9 人小委员会"①。随即选举了惠特洛克、韦斯顿、马克思、吕贝、沃尔夫、霍尔托普、皮金、（总委员会主席）奥哲尔、（总委员会书记）克里默为小委员会委员。小委员会在完成第一国际纲领的起草任务之后，以总委员会执行机关的身份继续存在，正常情况下，每周召开一次会议。

从 1865 年夏天（7 月 25 日至 8 月 1 日之间）②起，小委员会改称为常务委员会（Standing Council），通常情况下，每周六召开一次会议。马克思作为小委员会的委员，实际上领导了小委员会的日常工作。自 1865 年起，吕贝、沃尔夫、皮金先后退出了常务委员会。福克斯、杜邦（法国通讯书记）、荣克（瑞士通讯书记）陆续进入常务委员会工作。1865 年伦敦代表会议③之前，常务委员会进行了改组，重新选举了它的成员。1865 年 8 月 15 日的中央委员会会议上，首次由总委员会书记提出常务委员会改组的相关事宜；9月 19 日的中央委员会会议上，书记再次提出改组常务委员会的问题。常务委员会建议中央委员会任命奥哲尔、埃卡留斯、杜邦、马

---

① 王学东主编《国际共产主义运动历史文献：第 5 卷（第一国际总委员会文献 1864 ~ 1867）》，中央编译出版社，2011，第 5 页。

② 据考证，1865 年 8 月 1 日由克里默执笔的中央委员会会议记录本上，第一次使用"常务委员会"的称谓，之前一直使用"小委员会"的称谓。1865 年 7 月 25 日中央委员会全体会议上，福克斯代表小委员会作报告，报告经过修改和补充后的标题是《在 1865 年 7 月 25 日中央委员会全体会议上修正和通过的小委员会关于代表大会和代表会议问题的报告》，由此可知，小委员会是在 1865 年 7 月 25 日至 8 月 1 日之间开始改称为"常务委员会"的。详见王学东主编《国际共产主义运动历史文献：第 5 卷（第一国际总委员会文献 1864 ~1867）》，中央编译出版社，2011，第 76 ~ 81 页。

③ 国际工人协会伦敦代表会议于 1865 年 9 月 25 日至 29 日举行。会议期间，上午常务委员会与大陆代表举行联席会议，晚上举行公开会议。总委员会全体委员和大陆代表们出席。

克思、荣克、德尔、豪威尔、福克斯、韦斯顿共同组成常务委员会。常务委员会主要负责组织讨论、起草决议，协调总委员会与直属机构（各国支部）、附属机构（各国工人团体）之间的关系等。正如1864年10月8日举行的第一次小委员会会议上，指明了小委员会运行的基础和方式，"本委员会把促进欧洲工人阶级的道德、智力和经济的进步作为其活动的基础，其方法是同全欧洲各个工人团体达成协议，以求得目标一致和行动一致，这是达到上述结果的两大手段"[①]。但是，《国际工人协会临时章程》中并没有规定有关成立常务委员会的相关问题。为起草1866年出席日内瓦代表大会代表的指示中曾列入了有关常务委员会的相关问题，在该文件的德文版和法文版中可以找到这一点，文件的大致内容如下：常务委员会是总委员会[②]的执行机构，在代表大会上选举产生，职权由总委员会确定。由于总委员会内部人员经常发生变动，常务委员会保留了较为灵活的存在方式。1866年9月25日的委员会会议上，就常务委员会问题，马克思提议"目前只暂时确定这个委员会的人选。委员会由负责人员和已经委任的书记组成"[③]，得到了与会委员的一致通过。

（二）宣传机构——国际机关报

总委员会的宣传机关即第一国际的机关报，是总委员会为宣传第一国际思想、原则、方针，增进革命认同感而创设的宣传机关。马克思曾在1865年5月9日致信恩格斯时说"这件事对于整个运

---

① 王学东主编《国际共产主义运动历史文献：第5卷（第一国际总委员会文献1864～1867）》，中央编译出版社，2011，第6页。

② 文件中使用的是中央委员会，因为1866年9月才正式更名为总委员会。

③ 王学东主编《国际共产主义运动历史文献：第5卷（第一国际总委员会文献1864～1867）》，中央编译出版社，2011，第198页。

动有决定性意义"①。但是由于受到条件的限制，第一国际没有能力独立创办机关报，只能利用工人报刊作为自己的宣传机构。总委员会的会议记录、通过的重要决议、起草的呼吁书以及讨论的重要问题，国际代表大会、代表会议的召开情况，总委员会直属机构和附属机构的情况以及往来信件等都是第一国际机关报刊登的主要内容。

受到国际局势的影响和总委员会组织活动的变化发展，总委员会从组建时期到发展时期（即海牙代表大会之前），其宣传机构出现了变化和更迭，主要经历了以下四个阶段。

1. 第一阶段：《蜂房报》前期（1864年11月至1865年7月）

《蜂房报》②于1861年起在英国伦敦出版，曾是英国工联的机关周报，该报严重受到资产阶级激进派和改良派的影响，关于无产阶级利益和国际工人运动方面的报道只出现在专栏和社论中。在第一国际接手以前，它并不是"一张白纸"，早已形成了固定的版面和运作模式。自第一国际建立起，以马克思为首的总委员会委员们陆续入股《蜂房报》，与此同时，总委员会内部存在好些原有的工联派成员，这些成员在他们加入第一国际之前就已持有一些股份，这样第一国际在《蜂房报》的股份中具有了一定的优势。在1864年11月22日的中央委员会会议上，由迪克提议、德尔附议，确定《蜂房报》为第一国际的机关报。《蜂房报》经常性地刊登第一国际发布的正式文件和总委员会历次的会议记录，但是，时常出现第一国际的公文、决议、信件被篡改或是删节的现象。到了1869年《蜂房报》已完全成了资产阶级的喉舌，与国际工人协会的纲领和

---

① 《马克思恩格斯全集》（第31卷），人民出版社，1972，第118～119页。
② 曾用过三个名称，分别为《蜂房》（*The Bee-Hive*）、《蜂房报》（*The Bee-Hive Newspaper*）、《便士蜂房》（*The Penny Bee-Hive*）。

章程完全抵触，资产阶级调子愈发明显。后来，他们还出现了删除国际的决议、刊发肢解国际的报道、拖延发表、伪造日期等行为，最终于 1870 年 4 月 26 日委员会会议上，通过了由马克思提议，断绝与《蜂房报》的一切联系的决议。

《蜂房报》前期即 1864 年 11 月《蜂房报》被确定为国际机关报之后，直至 1865 年 7 月，它作为总委员会的宣传机关，《蜂房报》逐渐形成了刊登总委员会会议记录的惯例。其刊发情况如表 3-1 所示。

表 3-1   《蜂房报》刊发总委员会会议记录情况

总委员会会议日期	刊载报纸日期刊号
1865 年 2 月 21 日	1865 年 2 月 25 日第 176 号
1865 年 3 月 28 日	1865 年 4 月 1 日第 181 号
1865 年 4 月 25 日	1865 年 4 月 29 日第 185 号
1865 年 5 月 23 日	1865 年 5 月 27 日第 189 号
1865 年 5 月 31 日	1865 年 6 月 3 日第 190 号
1865 年 6 月 13 日	1865 年 6 月 17 日第 192 号

在《蜂房报》的前期，《蜂房报》作为总委员会的宣传机构运行的主要特点有三个。第一，刊发内容以总委员会会议记录为主。第二，整理总委员会会议记录内容的任务由总委员会书记负责。第三，开会日期适应报期。《蜂房报》前期的主要活动，为总委员会后来的宣传机构（《工人辩护士报》《东邮报》）的运作奠定了基础、提供了参考。《蜂房报》前期的工作方法和活动模式，让总委员会愈发意识到宣传机关的重要性，更深切地感受到推动国际工人运动发展，离不开先进的工人组织，离不开优秀的领导机关，也离不开有力的宣传阵地——机关报。

2. 第二阶段：《矿工和工人辩护士报》（《共和国》）时期（1865年8月至1867年7月）

《矿工和工人辩护士报》（*The Miner and Workman's Advocate*）在1863年至1865年（即在未成为总委员会机关报之前），是不列颠矿工联合会机关报。1865年7月底，总委员会委员约·布·莱诺担任该报编辑并获得了其发行权。于是，他建议将《矿工和工人辩护士报》归总委员会控制和掌握，这个建议得到了全部总委员会委员的支持。总委员会通过成立股份公司的方式，为《矿工和工人辩护士报》筹集资金。1865年8月8日，总书记提出了常务委员会的报告，报告指出："常务委员会建议指派一个三人委员会，起草章程，组织一家公司来发行每股1英镑的股票，筹集500英镑的资金，供中央委员会购置房产，作为协会的中心会所。"[1] 通过发行股票筹集资金的行为不仅是为第一国际购置房产，也是为了《矿工和工人辩护士报》募款。1865年8月15日再次讨论了《矿工和工人辩护士报》的相关问题；8月22日举行了工业报公司的成立大会，马克思出席了此次会议，大会批准了告工人书和公司的募股书；9月25日在国际伦敦代表会议上宣布《工人辩护士报》（《矿工和工人辩护士报》从9月8日起改名为《工人辩护士报》）为国际正式机关报，每周出版一期。1865年10月10日中央委员会会议上，克里默特别指出，机关报对于第一国际的发展具有决定性作用，未来两三个月总委员会应该集中力量建设《工人辩护士报》，这一举措对于第一国际将意义非凡。从1865年11月起，该报完全归工业报公司所有。《工人辩护士报》开始经常刊登总委员会的材料，报道

---

[1]　王学东主编《国际共产主义运动历史文献：第5卷（第一国际总委员会文献1864~1867）》，中央编译出版社，2011，第82页。

各国工人运动的情况。但后来情况有所转变，报社编辑部、报业公司内部资产阶级改良主义成了多数派，自 1866 年起，报社内部英国工联派占了上风，报纸开始重点报道工联的改革运动。总委员会没能及时注意报业内部的情况，此时马克思在忙于撰写《资本论》，无暇顾及此事，加之总委员会陷于财政困难，综合因素致使报社和报业公司内部的改良主义多数派向资产阶级激进分子日趋妥协。

自 1866 年 2 月起《工人辩护士报》进行了改组和更名。从此，《工人辩护士报》以《共和国》（*The Commonwealth*）的名称重新问世。然而，这一重要决定完全是报社自主决定，根本没有经过总委员会的讨论。改组之后，报纸的性质也发生了实质性的变化，不再代表无产阶级的立场。自 1866 年 9 月《共和国》第 138 期起，它正式宣称其为工联改革运动的机关报，实质上转变成了资产阶级激进派的喉舌。后来，虽然偶尔会零星刊登有关第一国际的消息，但它早已不再是总委员会的机关报。1867 年 7 月 20 日，宣布停刊。《工人辩护士报》《共和国》对第一国际报道的具体情况如表 3 - 2 所示。

表 3 - 2　《工人辩护士报》《共和国》对第一国际报道的具体情况

报道类型	刊载报纸	主要内容
国际活动报道	1865 年 9 月 30 日《工人辩护士报》第 134 号	国际工人协会伦敦代表会议情况
国际文件	1865 年 10 月 14 日《工人辩护士报》第 136 号	总委员会起草的《告美利坚合众国人民书》
国际文件	1865 年 12 月 16 日《工人辩护士报》第 145 号	总委员会起草的《致瑞士人呼吁书》
国际文件	1866 年 1 月 6 日《工人辩护士报》第 148 号	总委员会会议建议发表的奥顿诺凡 - 罗萨夫人和克拉克·卢比夫人致爱尔兰妇女的呼吁书

续表

报道类型	刊载报纸	主要内容
国际文件	1866 年 1 月 13 日《工人辩护士报》第 149 号	总委员会关于纪念 1863 年波兰起义周年的正式决定
国际活动报道	1866 年 1 月 27 日《工人辩护士报》第 151 号	1 月 22 日在伦敦圣马丁堂举行的纪念 1863 年波兰起义三周年大会情况
国际活动报道	1866 年 2 月 3 日《工人辩护士报》第 152 号	总委员会英国委员关于日内瓦代表大会致联合王国公认的呼吁书
改革同盟活动	1866 年 3 月 3 日《共和国》第 156 号	1866 年 2 月 28 日至 3 月 1 日改革同盟赞助的改革代表会议
改革同盟活动国际文件	1866 年 3 月 10 日《共和国》第 157 号	1866 年 2 月 28 日至 3 月 1 日改革同盟赞助的改革代表会议，总委员会关于爱尔兰政治犯待遇问题的声明
1866 年 5 月 1 日会议情况	1866 年 5 月 5 日《共和国》第 165 号	布鲁塞尔《人民论坛报》刊有规劝比利时工人不要到伦敦做工的倡议
1866 年 5 月 8 日会议情况	1866 年 5 月 12 日《共和国》第 166 号	意大利工人报纸编辑的来信说明热那亚工人团体联合会的活动情况、日内瓦协会的发展情况以及意大利工人团体致日内瓦总委员会的信
1866 年 5 月 22 日会议情况	1866 年 5 月 26 日《共和国》第 168 号	日内瓦制靴工人通过国际协同其他国家的支部帮助他们达成与雇主的工资抗争的请求
1866 年 6 月 19 日会议情况	1866 年 6 月 23 日《共和国》第 172 号	总委员会有关德国战争的讨论
1866 年 6 月 26 日、7 月 3 日会议情况	1866 年 7 月 14 日《共和国》第 175 号	有关普奥战争的几个提案、泥水匠协会会员入选总委员会、《泰晤士报》上英国裁缝业主召开代表会议公告、宣读拉法格阐明意法关系的文章、福克斯提出谴责普鲁士政府的提案
1866 年 7 月 17 日会议情况	1866 年 7 月 21 日《共和国》第 176 号	各行业协会的情况、法国的情况、波特兰爱尔兰政治犯的待遇问题、普奥战争问题的讨论
1866 年 8 月 14 日会议情况	1866 年 8 月 18 日《共和国》第 179 号	涉及马车制造匠协会的来信、里昂工人关于战争和英国工人运动的来信

续表

报道类型	刊载报纸	主要内容
1866 年 8 月 21 日会议情况	1866 年 8 月 25 日《共和国》第 180 号	中央委员访问各协会、代表团情况，日内瓦代表大会筹备情况、曼彻斯特裁缝业遭同盟歇业的情况、国际邮资问题、常务委员会报告问题
国际活动报道	1866 年 9 月 8 日《共和国》第 183 号	国际日内瓦大会开幕报道
国际活动报道	1866 年 9 月 15 日《共和国》第 184 号	国际日内瓦大会进展情况
国际文件	1866 年 10 月 13 日《共和国》第 188 号	英国理发师争取早打烊协会致大陆同行工人兄弟的呼吁书
国际活动报道	1866 年 10 月 20 日《共和国》第 189 号	总委员会代表团出席的工联理事会会议的报道
国际活动报道	1866 年 12 月 15 日《共和国》第 197 号	刊载了关于伦敦工联代表会议情况，涉及工联加入国际的问题，掘土工人联合会举办的晚会及总委员会委员荣克和卡特出席晚会的报道
国际活动报道	1866 年 12 月 22 日《共和国》第 198 号	刊载了关于伦敦工联代表会议情况，涉及工联加入国际的问题
国际委员个人活动报道	1867 年 1 月 19 日《共和国》第 202 号	1866 年末，克里默作为改革同盟的代表沿英格兰东海岸作了一次旅行，报纸刊载了他的旅行报告
国际委员个人活动报道	1867 年 4 月 27 日《共和国》第 216 号	1867 年 4 月 22 日在阿尔汉布拉宫举行的裁缝大会的报道，总委员会荣克和科勒在会上讲话
国际文件	1867 年 6 月 22 日《共和国》第 224 号	总委员会委托大陆各书记发表的三个决议

　　根据报道的情况可以看出，《工人辩护士报》《共和国》作为总委员会的宣传机构，刊登与总委员会会议相关情况的报道主要集中在 1866 年 5 月至 8 月。在 1866 年 5 月之前，报纸主要刊登第一国际的相关文件；自 1866 年 9 月起，则更多地报道英国工联的活

动以及总委员会委员中工联成员的情况。《工人辩护士报》《共和国》与《蜂房报》前期相比较，对总委员会会议的报道风格有所不同，摆脱了按照会议记录全文照登的办法，更加侧重于刊登会议中重点讨论和研究的工人活动以及工人通信，更大力度地删减会议记录。

3. 第三阶段：《蜂房报》后期（1867 年 8 月至 1870 年 4 月）

总委员会对《工人辩护士报》《共和国》抱有很大的希望，希望能够管理并完全控制它，通过成立股份公司的途径为其募股，努力将它扶持成为第一国际自己的机关报。因此，自 1865 年 8 月起，《蜂房报》的机关报地位急速下降。虽然《蜂房报》依然以工人报纸的身份自居，但报纸刊登第一国际的相关报道极少。1867 年 7 月《共和国》停刊之后，《蜂房报》又重新获得总委员会主要宣传阵地的地位。一时间，《蜂房报》刊登了大量有关总委员会会议的报道。

1869 年底"瑞士日内瓦支部（国际罗曼语区联合会）与其机关报《平等报》之间冲突"问题，成为严重影响总委员会与《蜂房报》之间关系的重要事件。报社中拥护巴枯宁的编辑们在社论中不断攻击总委员会，还报道了很多对总委员会决议和活动的责难，同时，挑剔总委员会没有执行历届代表大会的决议等。《平等报》的"越级"行为，导致了它与瑞士日内瓦支部（国际罗曼语区联合会）之间的严重冲突，他们提出让总委员会作仲裁人专门裁定此事。为此，总委员会特意让马克思撰写了《总委员会致瑞士罗曼语区联合会委员会》①的通告，对巴枯宁派在《平等报》专栏上反复

---

① 王学东主编《国际共产主义运动历史文献：第 7 卷（第一国际总委员会文献 1870 ~ 1871）》，中央编译出版社，2011，第 323 页。

诽谤、攻击总委员会的报道予以答复和回应。此事之后，总委员会多次强调，机关报不能越级与其代表机关直接同中央进行沟通。"判例效力"极大地影响了总委员会与《蜂房报》之间关系的判断。1870年4月26日委员会会议上，讨论了与《蜂房报》的关系问题。马克思提议断绝与《蜂房报》的一切关系，此项提议得到了莫特斯赫德、荣克的支持。他们认为，眼下《蜂房报》的调子与第一国际的章程和原则完全背道而驰，它们宣传与资本家调和，已经转变成了损害工人运动的报纸。国外公众完全把《蜂房报》看作工人报，然而，现在的情况是它完全落后于形势，"该报向来是奶水混杂，淡薄无味；现在奶已蒸发，光是水了"①，《蜂房报》已不能胜任总委员会机关报的工作，总委员会会议上一致决定与《蜂房报》断绝联系。同年5月17日的委员会会议上，马克思提出了三项关于《蜂房报》的决议。首先，肯定了《蜂房报》曾经一度作为国际正式机关报的地位，同时也肯定了它为宣传国际做出的实际工作。其次，指出了《蜂房报》后来利用删节的办法来歪曲第一国际的思想，其不仅删掉可能使它的资助者不满的决议，还歪曲报道总委员会会议的主旨。最后，揭露了自1869年自由主义派资产阶级分子塞米尔·莫利购买《蜂房报》成为其发行人之后，《蜂房报》完全成了资产阶级的发言工具。会议最终决定断绝与《蜂房报》的一切联系。

4. 第四阶段：《东邮报》时期（1870年5月至1872年6月）

《东邮报》（*The Eastern Post*）自1870年5月起开始报道总委员会相关的报道。虽然总委员会从未承认《东邮报》为总委员会机

① 王学东主编《国际共产主义运动历史文献：第7卷（第一国际总委员会文献1870~1871）》，中央编译出版社，2011，第32页。

关报，但它却实际上承担了总委员会机关报的重要职责。1872 年 6 月 28 日会议上，通过了停止在《东邮报》上发表总委员会会议报道的决议，从此总委员会与《东邮报》决裂。

《东邮报》是英国的一家工人周报，1868 年至 1873 年在伦敦出版。1870 年 5 月 7 日第一次发表总委员会会议记录。[①] 此后，陆续报道了一些有关总委员会的报道。1871 年 1 月 24 日总委员会会议上，马克思说"我们还没有一家发表我们的报道的报纸"[②]，这充分说明 1871 年 1 月 24 日之前，总委员会并没有将《东邮报》视为总委员会正式的机关报。但从 1871 年 1 月起，《东邮报》加大了刊登总委员会相关报道的力度，报道了一大批有关总委员会会议记录以及总委员会直属机构、附属机构的情况等。1870 年 5 月至 1871 年底是总委员会与《东邮报》之间的"友好期"，《东邮报》实际上成了总委员会的机关报。自 1871 年底起，《东邮报》开始刊登攻击总委员会的文章，"友好期"就此被打破。1872 年 6 月 25 日举行的总委员会会议上，塞拉叶提议不再给《东邮报》寄送会议报道，列斯纳也认为，"《东邮报》不应该允许总委员会的反对者那样造谣诬蔑总委员会"[③]。同年 6 月 28 日举行的小委员会会议上，通过与《东邮报》断绝关系的决议，宣布"《东邮报》是世界联邦主义委员会的机关报，我们不能再把它看作国际的机关报"[④]。该项决议说明两个问题：其一，从此次会议起，总委员会正式与《东邮

---

① 1870 年 5 月 3 日总委员会会议记录由埃卡留斯记录在记录本上，发表于 1870 年 5 月 7 日《蜂房报》和《东邮报》上。

② 王学东主编《国际共产主义运动历史文献：第 7 卷（第一国际总委员会文献 1870 ~ 1871）》，中央编译出版社，2011，第 144 页。

③ 王学东主编《国际共产主义运动历史文献：第 8 卷（第一国际总委员会文献 1871 ~ 1872）》，中央编译出版社，2011，第 179 页。

④ 王学东主编《国际共产主义运动历史文献：第 8 卷（第一国际总委员会文献 1871 ~ 1872）》，中央编译出版社，2011，第 241 页。

报》断绝往来；其二，充分肯定了自 1871 年 2 月起直至 1872 年 6 月，《东邮报》名副其实地具有总委员会机关报的地位。

（三）直属机构——国际支部

国际支部是总委员会的直属机构，总委员会与国际支部是领导与被领导的关系。国际支部下设国际支部小组、国际支部委员会等基层组织。国际支部加入第一国际需要满足以下四个条件。第一，承认并遵守国际的纲领和章程，真心拥护第一国际，真心拥护第一国际总委员会。第二，诚心诚意地赞同第一国际的原则。第三，同意总委员会、代表大会、代表会议上通过的决议和文件。第四，提交入会申请书并按时缴纳会费。国际支部的主要职责：巩固支部建设，扩大支部规模，增加分部数量，吸收会员；密切联系工人、大众，定期向总委员会汇报工人运动的情况；在总委员会的领导下，积极协助、配合总委员会筹备代表大会、代表会议；派代表出席、参加总委员会会议或代表大会、代表会议；吸收工人团体、工人组织加入支部；监督本支部的机关报，及时观察、留意是否存在抨击、歪曲总委员会的相关报道、言论，一经发现，应及时向总委员会汇报并立即将报刊寄送总委员会。国际支部具有根据当地的具体条件和本国法律特点制定自己地方性章程和条例的权利，同时，总委员会也允许在无产阶级中成立妇女支部。另外，按历届代表大会（1866～1869）和伦敦代表会议（1871）的决议修订的第一国际《组织条例》中对国际支部的名称提出了一定的要求，"所有地方分部、支部或小组及其委员会，今后其名称和性质一律只是国际工人协会分部、支部、小组和委员会，在名称前冠以该地地名"，"因此，分部、支部和小组，今后不得再用宗派名称，如实证论分部、互助主义分部、集体主义分部、共产主义分部等等，或者用'宣传支部'等类名称成立执行与所有国际组织的共同目标不符的特殊任务的分立主义组织"①。国际支部作为总委员会的直属机构,受到总委员会的领导和监督,并协助总委员会完成工作、履行职能,配合总委员会发挥中心领导作用,推动各国工人运动的发展。

(四) 附属机构——附属团体

第一国际的附属团体是指正式加入第一国际的地方性工人团体,是总委员会重要的附属机构,是总委员会组织体系中的重要组成部分。地方性工人团体要满足以下几个条件才可以加入第一国际。第一,接受第一国际的章程、原则和思想。第二,同意总委员会在委员会会议上通过的各项决议和文件。第三,衷心希望通过第一国际得以同广大无产阶级团结起来联合行动。正如 1865 年 1 月 10 日中央委员会会议上,由总委员会书记宣读的来自三个德国工人团体致的公开信中所言:"我们欢呼过于疏远的欧洲各国工人阶级间建立持久的国际联合的前景,我们确信,只有整个文明欧洲的工人的联合行动,才能抵抗得住欧洲全体压迫者的联合行动。"② 第四,定期缴纳会费。第五,在经济条件允许的情况下,为总委员会筹备代表大会、代表会议提供捐款;积极响应总委员会的号召,对工人罢工运动、救济巴黎公社革命流亡者等给予一定数额的捐款或组织募捐活动。第六,地方工人团体加入第一国际后制定的章程和条例不得与第一国际的章程、条例的内容和思想相冲突,如有类似问题,需要及时纠正。比如,在 1869 年 7 月 27 日委员会会议上,马克思提议接纳日内瓦社会主义民主同盟加入第一国际,缘由就是它们按照总委员会的要求,将它们同盟纲领的第二条于 1869 年 4

---

① 王学东主编《国际共产主义运动历史文献:第 8 卷 (第一国际总委员会文献 1871 ~ 1872)》,中央编译出版社,2011,第 359 页。

② 王学东主编《国际共产主义运动历史文献:第 5 卷 (第一国际总委员会文献 1864 ~ 1867)》,中央编译出版社,2011,第 29 页。

月改为"同盟首先力求实现完全而彻底地消灭阶级，力求实现各个人（不分男女）在政治、经济和社会方面的平等"①，更改后的同盟纲领与第一国际的思想和原则相一致，才得以加入第一国际。国际附属团体的主要职责有，努力建立与各工人团体和广大工人之间的联系，获取工人运动的具体信息和情报；选举代表出席代表大会、代表会议；为总委员会筹备代表大会、代表会议筹集资金；通过致信的方式及时向总委员会汇报工人团体、工人运动的情况，具体包括会员的情况、当地罢工运动的情况、本国报纸对总委员会会议相关报道的情况等。另外，总委员会的附属机构有派遣代表加入总委员会的权利。1864 年 11 月 22 日总委员会会议上通过一项决议："加入本协会的团体有权各选派一名代表参加中央委员会，委员会保留接纳或拒绝这些代表的权利。"国际附属团体在壮大总委员会组织规模、扩大会员队伍、增加国际拥护者、宣传国际思想等方面都发挥了积极的作用。

二　组织结构关系

（一）总委员会与代表大会的关系

总委员会是国际代表大会闭会期间的领导中心，国际代表大会是第一国际的最高权力机关。国际代表大会实行年会制度，即每年召开一次国际代表大会。但是受到客观环境影响，国际存在的 12 年间，总共只召开了 5 次代表大会，分别为 1866 年日内瓦代表大会、1867 年洛桑代表大会、1868 年布鲁塞尔代表大会、1869 年巴

---

① 王学东主编《国际共产主义运动历史文献：第 6 卷（第一国际总委员会文献 1868 ~ 1869）》，中央编译出版社，2011，第 341 页。

塞尔代表大会和 1872 年海牙代表大会。代表大会的使命是"在全欧洲面前宣布工人阶级的共同愿望，最后批准国际协会章程，研究使国际协会能顺利进行活动的方式方法，并任命协会的中央委员会"①。代表大会的会议分为两种，一种是讨论组织问题的秘密会议，另一种是讨论并表决②大会议程中列有的原则问题的公开会议。国际代表大会与总委员会的关系是领导与被领导、监督与被监督的关系，具体主要反映在以下两个方面。第一，产生方式：任命制。国际代表大会任命总委员会产生。第二，工作方式：负责制与汇报制相结合。负责制：总委员会负责制定代表大会的正式议程，议程主要包括上次代表大会提出的问题和总委员会补充提出的问题，以及各支部和小组或它们的委员会向总委员会提交并为总委员会所接受的问题；另外，总委员会还负责组织代表大会并通过联合会委员会将大会议程及时通知所有的支部；代表大会在其公开会议上会首先讨论总委员会提出的问题，然后再讨论其他问题。汇报制：总委员会的直属机构（国际支部或支部联合会）最迟须在每年召开代表大会前两个月向总委员会提出该组织本年度内的工作和发展情况的详细报告，总委员会再根据这些报告编写一个总报告用以在代表大会上宣读；国际代表大会在每年的会议上都要听取总委员会关于过去一年工作的公开报告。

（二）总委员会与小委员会的关系

小委员会是总委员会的执行机关，总委员会与小委员会的关系，第一，组织上是领导与执行的关系。小委员会是总委员会的常

---

① 王学东主编《国际共产主义运动历史文献：第 5 卷（第一国际总委员会文献 1864 ~ 1867）》，中央编译出版社，2011，第 394 页。

② 此处的表决为唱名表决。文献依据：王学东主编《国际共产主义运动历史文献：第 8 卷（第一国际总委员会文献 1871 ~ 1872）》，中央编译出版社，2011，第 355 页。

设机构，组织上接受总委员会的直接领导。小委员会在中央委员会第一次会议①上选举产生，小委员会要对总委员会负责并受其监督，小委员会内部委员的职权也由总委员会来确定。第二，工作上是决策与执行的关系。小委员会贯彻国际的思想和原则，执行总委员会的决策，落实总委员会布置的各项任务。小委员会接受总委员会的指示和安排，认真执行、完成总委员会布置的各项任务。比如，起草国际的纲领和章程，致美国人民书祝贺林肯再次当选，出具财务收支情况报告，设计会员证，处理各国支部来信，为总委员会召开会议寻找、准备会所，确定代表大会召开的时间和会议议程，复印、发表宣言和章程，审查核对账目等一系列的任务和工作。另外，特别值得一提的是，小委员会协助总委员会职权的进一步落实，逐步超越二者单纯意义上的决策与执行关系。在这里的具体表现有两个。一是为总委员会分忧，处理棘手和有争议的问题，具有典型性的有以下几个：处理《东邮报》事件②，要求开除巴枯宁和同盟盟员的建议③，解除黑尔斯总书记职务④等。二是协助总委员会领导和监督总委员会委员。1872 年 8 月 23 日总委员会会议记录上特别显示，小委员会要求总委员会提醒委员们对协会尽到应尽的义务。

（三）总委员会与国际支部的关系

国际支部作为总委员会的直属机构隶属于总委员会，总委员会

---

① 由 1864 年 9 月 28 日伦敦圣马丁堂公众大会选出总委员会的第一次会议于 1864 年 10 月 5 日在索霍区希腊街 18 号举行。

② 特指总委员会的反对者在《东邮报》上刊登造谣、诬蔑总委员会的报道，于 1872 年 6 月 25 日举行的总委员会会议上特别将此事交由小委员会全权处理。

③ 详见王学东主编《国际共产主义运动历史文献：第 8 卷（第一国际总委员会文献 1871～1872）》，中央编译出版社，2011，第 244 页。

④ 详见王学东主编《国际共产主义运动历史文献：第 8 卷（第一国际总委员会文献 1871～1872）》，中央编译出版社，2011，第 245～247 页。

与国际支部是上下级关系。在总委员会的统一领导下，充分发挥中央领导和地方领导两个方面的积极作用。这种上下级关系，主要体现在以下三个方面。

第一，组织上的领导关系。首先，各地申请建立支部、分部，必须在总委员会会议上表决通过才得以建立。总委员会有权同意或不同意支部成立，若各地对总委员会的决定不满或提出质疑，他们可以向代表大会提出申诉。其次，总委员会有暂时开除国际支部、分部的权利，直到应届代表大会为止。再次，总委员会有权解决支部之间可能发生的纠纷，若支部有异议，可以提请代表大会做出最后决定。最后，国际支部、分部授权成立一个地方下属委员会，也需要得到总委员会的授权和同意。

第二，思想上的领导关系。国际各地方支部必须以国际的纲领和章程为行动纲领，真诚地接受第一国际的原则。第一国际的《组织条例》允许国际支部根据本国法律特点、地方条件、自身情况制定自己的地方性章程和条例，但是此条例和章程不能与《共同纲领》和《组织条例》有任何的抵触。

第三，工作上的领导关系。首先，国际各支部的工作、活动要对总委员会负责并受其监督。其次，国际支部需要通过致信或派代表参加总委员会会议的方式定期向总委员会汇报工作情况。例如，在1865年8月21日中央委员会会议上，荣克就宣读了瑞士支部的来信①，信中介绍了韦维、蒙特勒、洛桑和拉绍德封的国际支部情况，以及即将举行的伦敦代表会议的准备情况。1865年11月21日总委员会会议上，德国支部书记出席了大会并向总委员会汇报了支部在德国的工作进展，准备要在柏林、马耶讷、莱比锡成立分会，

---

① 具体是指法尔科内和杜普莱克斯于1865年8月19日从日内瓦的来信。

这些组织准备派代表参加日内瓦代表大会。再次，各支部有义务向总委员会为国际工人运动、民族民主运动等发出的动员予以回应、表示支持和提供帮助。最后，总委员会就某一重大事件向支部发出呼吁和号召时，支部有义务予以响应。

（四）总委员会与附属团体的关系

国际附属团体作为总委员会的附属机构，它们之间是附属关系，但两者之间地位平等。这种附属关系主要反映在以下三个方面。

第一，平等关系。总委员会与附属团体之间的平等关系特别体现在"入会自愿、退出自由"上。满足入会条件的地方性工人团体本着自愿原则申请或者直接自愿加入第一国际，同时，也秉承自由的原则工人团体可随时宣布退出第一国际。经过 1872 年总委员会修改的《国际工人协会共同章程》的第 11 条明确规定"加入国际协会的工人团体，在彼此结成亲密合作的永久联盟的同时，完全保存自己原有的组织"①，这也充分体现出尽管工人团体加入国际后已成为其附属团体，但却依旧保持着一定程度的独立性。

第二，合作关系。总委员会与附属团体之间的合作关系主要体现为两者的互相协调，以求得共同目标和效益的实现。总委员会和附属团体都拥有为无产阶级争取利益、实现阶级联合行动的共同目标，为此，彼此间建立了良好的合作关系。比如，在 1865 年 1 月 10 日中央委员会会议上，波兰独立全国同盟的代表团和波兰国民政府为纪念 1863 年波兰革命，希望举行公开集会，特此向总委员会征询意见。为此，总委员会特别通过决议表示愿意合作和配合，

---

① 王学东主编《国际共产主义运动历史文献：第 8 卷（第一国际总委员会文献 1871～1872）》，中央编译出版社，2011，第 354 页。

"如果波兰委员会召集大会，本协会有责任利用它所有的一切手段来协助举行纪念虽然遭到失败但仍是光荣的 1863 年革命周年的活动"[1]，为推动国际工人运动共同努力。又如，1865 年 4 月 25 日中央委员会会议上通过了邀请奴隶解放协会[2]和工联理事会与总委员会一同开会商议组织纪念美利坚联邦复兴和废除奴隶制度示威活动的决定。

第三，伙伴关系。总委员会与附属团体之间良好的伙伴关系主要体现在二者互相尊重、互帮互助上。1869 年 7 月 13 日委员会会议上，宣读了伦敦裁缝协会书记的来信，信中说若总委员会能免除他们过去的债务，他们愿意恢复与第一国际的关系。总委员会听后并没有立即拒绝请求，在结合实际情况并分析了原委（"鉴于其债务没有解除的原因是罢工失败，其后该会又处于瓦解状态，再加上负担了中央刑事法院的诉讼费"[3]）之后，以包容的态度接纳了伦敦裁缝协会的回归，充分体现了总委员会与附属团体之间良好的伙伴关系。伙伴关系是彼此之间建立的关系，并不是总委员会单方面以大度包容的态度对待附属团体，国际的附属团体也积极宣传国际的思想，协助、配合总委员会活动贡献自己的力量。1865 年 3 月 28 日中央委员会会议上通过了鞋匠协会代表团提出的决议："我们一定要加入协会，以便促进这些原则，并在我们的组织成员中努力

---

① 王学东主编《国际共产主义运动历史文献：第 5 卷（第一国际总委员会文献 1864～1867）》，中央编译出版社，2011，第 30 页。

② 奴隶解放协会（The Emancipation Society）于 1862 年 11 月在伦敦成立，协会的组织者是一群英国资产阶级激进派分子。协会支持伦敦工联理事会反对英国站在南方奴隶主方面参加美国内战。

③ 王学东主编《国际共产主义运动历史文献：第 6 卷（第一国际总委员会文献 1868～1869）》，中央编译出版社，2011，第 146 页。

传播其开明而辉煌的思想。"① 该项决议既表示出工人团体希望加入国际的热情和诚意，同时也反映出附属团体为第一国际的发展积极发挥作用。

① 王学东主编《国际共产主义运动历史文献：第 5 卷（第一国际总委员会文献 1864～1867）》，中央编译出版社，2011，第 49 页。

第四章
第一国际总委员会的运行机制
与主要功能

一 运行机制

总委员会作为第一国际代表大会闭会期间的领导中心，肩负着让自身"成为沟通各种互相合作的团体之间联系的国际机关"① 的重要职责，也担负着使第一国际成为"为追求共同目标即追求工人阶级的保护、发展和彻底解放的各国工人团体进行联络和合作的中心"② 的重要使命。为此，总委员会不遗余力地加强自身组织建设，逐步确立了会议机制与委员机制相结合、民主协商机制与民主表决机制相结合、集体领导机制与个人分工负责机制相结合的组织运行机制，构建了组织运作的基本框架。其具体情况大致如图 4－1 所示。

---

① 王学东主编《国际共产主义运动历史文献：第 5 卷（第一国际总委员会文献 1864～1867）》，中央编译出版社，2011，第 459 页。
② 王学东主编《国际共产主义运动历史文献：第 5 卷（第一国际总委员会文献 1864～1867）》，中央编译出版社，2011，第 459 页。

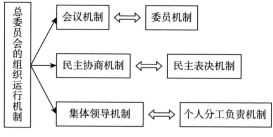

图 4 - 1　总委员会的组织运行机制

（一）会议机制与委员机制相结合

1. 以总委员会会议为平台，建立会议机制

总委员会会议是总委员会履行职能、发挥作用最为重要的机制载体，是总委员会民主制基础性环节的重要实现步骤。依照惯例，正常情况下总委员会每周召开一次会议，但是由于受到各种因素的影响，偶尔也会出现延误的情况。① 总委员会会议是总委员会组织运作的重要实践舞台，委员们为更多地争取无产阶级的自身利益建言献策，实现了各方的联动发展，逐步成为总委员会运行的主导机制。每次会议都会由总委员会主席或副主席主持会议，会议出席人员主要包括总委员会的负责人员（主席、财务委员、总书记、通讯书记等）及委员。总委员会会议上的主要议程包括以下几项（不分先后顺序，只是列举举例）。第一，宣读上一次会议的会议记录，会上由一名委员提议、一名委员附议，在确认正确无误后予以通过和批准。倘若宣读的上一次会议记录存在异议，需要进行修改，直

---

① 据统计，总委员会驻地在伦敦期间，陆续召开了 384 次会议（1864 年 11 次，1865 年 46 次，1866 年 48 次，1867 年 46 次，1868 年 45 次，1869 年 47 次，1870 年 52 次，1871 年 52 次，1872 年 37 次）。见王学东主编《国际共产主义运动历史文献：第一国际总委员会文献》，中央编译出版社。总委员会驻地迁往纽约之后，召开的会议次数目前不详。Samuel Bernstein 所著的《第一国际在美国》（Samuel Bernstein, *The First International in America*, New York: Augustus M. Kelley, 1962）中，也找不到精准的会议次数信息。

至无异议予以通过（此项为历次会议第一项必有议程）。第二，选举总委员会委员、提名总委员会委员候选人、选举各国通讯书记、补入小委员会委员等。第三，由总委员会委员提出一项决议（至少一名委员提议、一名委员附议才得以提出），后经大会讨论、研究，以投票表决的方式定夺最终结果。第四，宣读第一国际各支部或附属团体的来信，其内容或是汇报当地工人运动、支部、分部、团体、会员的情况，或是询问相关问题请求总委员会予以答复。第五，宣读小委员会提出的决议，由委员发言各抒己见（至少一名委员提议、一名委员附议），最终以表决的方式决定是否通过。第六，宣读刊登在各国报纸上有关第一国际、总委员会会议、各直属机构和附属机构的相关报道，予以评析并提出意见。第七，将一些问题，特别是占用会议讨论时间过久的问题移交给小委员会处理。第八，由于受到会议时长或存在争议等影响，会上很可能遗留个别问题延期再议。

2. 以总委员会委员为主体，建立委员机制

总委员会会议活动的人员主体是总委员会委员，总委员会委员也是总委员会组织运作的人员主体。总委员会委员作用的正常发挥直接关系总委员会职能和任务完成的质量。因此，总委员会建立了以总委员会委员为主体的委员机制配合会议机制，使其组织功能得以充分实现。

除了在1864年9月28日伦敦圣马丁堂国际大会上选出的35名居住在伦敦的各国工人代表为总委员会委员之外，其余想要成为总委员会委员要通过以下两个主要途径得以进入。其一，总委员会在会议上提名了总委员会候补委员，候补委员再经选举成为委员。在1865年1月24日总委员会会议上，进一步细化了候补委员被选举为委员的程序，"中央委员会委员候选人应在选举前至少一周提名，

这种选举应在候选人缺席情况下进行，被选举人应在其被提名前取得会员证"①。其二，不经过提名候补委员的程序，直接由总委员会委员（至少一名委员）提名，经过选举成为委员。当然，早在1864年11月8日总委员会会议上，马克思就提议（荣克附议），凡是不能到场出席总委员会会议的人员，一概不能成为总委员会委员。

总委员会委员的职权主要有，在总委员会会议上按照程序提出议题，展开讨论和商议；有权对总委员会的宣传机构（国际的机关报）、直属机构（国际支部、分部）、附属机构（附属团体）的工作进行批评或表扬，对一些不妥事宜有权询问、质询；有权对总委员会及其执行机构（小委员会）提出的决议、决策进行民主议事和民主恳谈；有权向总委员会汇报工作、作报告；有权被选为代表团代表，深入工人团体、工人组织之中调研和视察。

3. 以会议机制与委员机制相结合的办法，建立总委员会经常性运作制度

总委员会的运行机制并不是各自独立、单独运行的，而是彼此配合、互相联系的综合机制。既充分发挥好总委员会会议机制的平台作用，同时也会利用好以总委员会委员为主体的委员机制，二者有机结合、互相配合，逐渐形成了经常性运作制度，具有代表性的主要有以下几个。第一，内部情况通报制度。在总委员会会议上会就阶段性工作、重大问题以及代表大会、代表会议上做出的重大决议等进行及时通报，使委员们能及时掌握总委员会的决策部署和重要思想。第二，重要决策征询意见制度。总委员会在做出重大决策

① 王学东主编《国际共产主义运动历史文献：第5卷（第一国际总委员会文献1864~1867）》，中央编译出版社，2011，第32~33页。

之时会在总委员会会议上通过研究、讨论的办法，征求各方意见。第三，代表调研、代表团走访制度。总委员会会议闭会期间，从总委员会委员中选出的代表以代表团为组织单位深入广大工人群众的生存、劳动、斗争（特指参与罢工运动等）的基层生活中去，开展一线的调研和走访，了解工人的生存和工作情况，加强与工人之间的交流，扩大彼此之间的联系。第四，总委员会委员列席直属机构、附属机构代表会议制度。总委员会委员可以委员代表的身份参加各国际支部、分部、附属团体的代表会议并听取意见。

（二）民主协商机制与民主表决机制相结合

总委员会组织运行的另一重要机制即民主协商与民主表决相结合的运作机制，将理性的民主协商与科学的民主表决有机地结合在一起，既充分发挥民主协商机制的基础性作用，同时也很好地利用民主表决机制的补充性作用，汲取双方的优越性，推动总委员会科学、有效运作。民主协商与民主表决相结合机制即在总委员会会议上，先经过民主协商阶段，对总委员会提出的重要问题、决议进行理性分析和研讨，再通过民主表决机制得出最终的决策成果。下面依照阶段逐个进行分析。

1. 民主协商机制

民主协商机制是总委员会充分发挥内部人员（总委员会负责人员和总委员会委员）的实际作用，人人平等地参与总委员会政策、决议的制定过程，委员们为总委员会建言献策，评点有关第一国际的重大问题，严谨审视各种提议、决策，力求通过理性的研讨和商议，各方达成共识。

民主协商机制是直接民主的充分反映，总委员会委员们直接参与其中，理性对话，他们协商的内容极为广泛，大到《国际工人协会成立宣言》《协会临时章程》《国际工人协会的共同章程和组织条例》的起草和修订，小到商议总委员会下次会议召开的时间和地点等，凡被总委员会提上日程的议题、各国支部汇报的具体内容以及第一国际支持工人运动具体活动的执行情况等均是委员们协商的内容、客体和对象。

民主协商机制的程序主要有以下几项。首先，总委员会提出几项决议、议案，委员们各抒己见、踊跃发言，依照议案顺序，逐一讨论、研究。倘若讨论的议题事先未提上日程，则会终止讨论。其次，就某一问题展开讨论，委员们可以依据自己的想法和见解提出自己的议案，但是必须由至少一名委员提议、一名委员附议方可正式提出。若是有委员对提案表示反对或不满，可以在至少一名委员提议、一名委员附议的情况下，提出修正案①，此"修正案"可被理解为"代替案"。倘若委员提出议案或修正案，有人提议而无人附议，议案则被判定为无效议案。比如，1868 年 12 月 8 日委员会会议记录记载，"荣克作为修正案提出休会到格兰特就职时为止，但因无人附议，修正案作废"②。再次，委员们可以根据个人的观点、偏好，提出各自的意见、建议，人人均可发言，可以表示赞同、反对、弃权的态度，甚至可以提出"撤销提议"的想法。最后，通过民主表决机制完成协商运行。当然，若是经历了激烈的辩论和讨论之后，依旧没能进行民主表决，这样的情况主要有两种处理方式。其一，将此项提案安排在下一次会议上继续进行讨论。其二，暂且停止讨论，派遣委员代表会后进行调查，再予以重新提出议案，有待进一步商议。

---

① 按照英国国会的习惯，修正案不是对提案的简单修正。它具有独立的性质，并且可用以代替提案。这个习惯也为工人集会在内的一切公众集会所沿用。
② 王学东主编《国际共产主义运动历史文献：第 6 卷（第一国际总委员会文献 1868～1869）》，中央编译出版社，2011，第 83 页。

　　总委员会的民主协商机制本着平等、自愿的原则，在尊重各方意见的基础之上，以商议研讨的方式广泛听取各方意见，极大地推动了总委员会决策的科学化和民主化，促进委员与委员之间的团结合作，也充分体现出了总委员会内部的包容性、平等性和决策的公开性、透明性，是总委员会组织运行中的重要环节。

　　2. 民主表决机制

　　民主协商与民主表决相结合的运作机制的第一步是民主协商，第二步即是民主表决。民主表决机制是总委员会组织运行的核心环节。总委员会提出的提案在经过委员们的民主协商之后，经过表决的方式得出最终的结果。民主表决包括多种表决方式：口头表决、举手表决、鼓掌表决和投票表决。总委员会的民主表决机制多采用投票表决的方式并且为记名投票方式①，一人一票制（即每位委员人手一票）。票决制是总委员会实现民主表决的主要形式，委员们根据个人观点、偏好、想法，可以投"赞成票"、"反对票"或"弃权票"。"弃权票"是指委员或是不了解关于该项提案的情况，或是表示不赞同决议但同时又不反对决议的态度，提供"弃权票"也使得委员们更为谨慎地行使表决权。

　　民主表决机制的主体是总委员会的委员们，民主表决机制的客体是总委员会提出的重要决议和议题。民主表决机制原则主要有以下几个。

　　第一，多数决定原则。多数决定原则是指多数人投票的一方为总委员会选取决策的一方，即可理解为多数人的选择与判断为科学、正确、合理的，以多数人的判断标准作为决议、议案通过的标

---

① 通过总委员会会议记录可以看出部分议案中，投赞同票、反对票乃至弃权票人员的名单，由此可知，民主表决机制采用的是记名投票方式。

准。多数决定原则又分为绝对多数原则和相对多数原则两种，绝对多数原则指的是全体成员的多数，而相对多数原则指的是与会人员的多数或是在场参与表决人员的多数。总委员会的民主表决机制采用的是后者，即以在场参与表决的委员投票票数的多数方为决议、议案的通过方。

第二，票制决定原则。票制决定原则，即以票数为准绳，没有其他任何因素可以左右、影响决策的判断，委员们投票的多数方为通过方、决策的采纳方，也就是少数服从多数的原则。以 1865 年 3 月 14 日中央委员会会议上通过的一项议案为例，会上首先宣读了一封沃尔夫的来信，信中声明："中央委员会既然在上次会议上取消了对公民勒福尔的任命，也就背离了兄弟友爱精神，因此，他申请辞去中央委员会委员的职务。"① 委员们开始讨论这封信，克里默首先提出了一项提案（克里默提议、福克斯附议），他主张接受沃尔夫的辞职。随即韦斯顿提出了一项修正案（韦斯顿提议、惠特洛克附议），修正案主张将此事搁置。于是，在场的委员们对提案和修正案进行投票，赞成修正案的共 14 人，赞成原提案的共 6 人，修正案以 8 票的票数优势得以胜出，由主席宣布通过修正案。

第三，单项表决原则。单项表决原则是指总委员会会议上的民主表决，每项议案、每个问题均一项一项单独进行表决。最具代表性的例子是，在 1872 年 6 月 25 日总委员会会议上，将《国际工人协会共同章程》和《组织条例》进行修订的相关事宜提上日程，会上对条文修订的讨论和提议全部依照次序一节一节分别展开研讨并得出结论，均是单项表决。

---

① 王学东主编《国际共产主义运动历史文献：第 5 卷（第一国际总委员会文献 1864 ~ 1867）》，中央编译出版社，2011，第 44 页。

第四，表决免责原则。表决免责原则指委员们在总委员会会议上做出的任何表决完全本着自由、平等的原则，无论是投赞成票、反对票还是投弃权票，均不会受到外界的任何干扰，更不会被施以制裁惩罚和报复。

民主表决机制的基础是民主协商机制，将两者有机地结合，既强调协商机制，同时也注重表决机制，既真实反映表决参与者的个人观点和意见，又避免出现"一锤定音"的现象，两者相辅相成、互相补充，有利于总委员会民主和科学决策，充分发挥中央领导作用。

（三）集体领导机制与个人分工负责机制相结合

在总委员会的实际运作过程中，集体领导机制在国际纲领、章程、条例的起草、颁布、修订，重大组织问题的部署，干部的任免，应急事件的处理等方面均有贯彻。这里所谓的"集体"，既包括总委员会的负责人员[①]，也包括总委员会的委员们。集体领导机制，既反映在总委员会的议事制度上，也反映在总委员会的决策制度上，贯穿总委员会组织运作的始终。总委员会的常设机构——常务委员会（小委员会）每周举行例会，负责共同研究、商讨、处理日常问题，会议最初设定为每周四召开，后改为每周二晚上。总委员会集体领导运行机制主要在集体商议和集体表决两个方面。集体商议是指在总委员会会议上，与会委员们对议案、提案均有发表自己个人见解的权利和机会，大家各抒己见、畅所欲言，无论职务高低，一律平等，一人一票，集体商议的结果充分体现集体的意志，是大家集思广益的结晶。集体表决是指在总委员会会议上，总委员

---

① 总委员会的负责人员是指从总委员会委员中选出的管理各种事务所必需的负责人员，即主席、财务委员、总书记、各国通讯书记等。

会委员集体本着平等原则人人投票，可以通过投赞成票、反对票、弃权票表达自己的态度，提案、决议最终的判定标准也以票数为准，实行少数服从多数的原则。集体商讨形成提议案，经过集体表决形成决议案，一旦表决通过，决议案立即生效、执行，个人的不同意见予以保留，坚持集体的决策、决定。集体领导机制的有效运行，在制度层面有效地避免了个人专断的行为出现，防止了个人的权力凌驾于集体之上，远离总委员会内部只是个人或几个人说了算的现象，告别"一锤定音"和"家长制"作风，有利于实现决策的科学化和民主化。

总委员会在运行过程中，也逐渐形成了为总委员会集体领导机制保驾护航的具体措施，总体看来，主要有以下三个方面。

第一，纪律严格，不搞特殊化。在 1864 年 11 月 15 日的中央委员会会议上，马克思就提议，凡是不能出席总委员会会议的人员，不能成为总委员会委员。同月 29 日的中央委员会会议上，通过了"本协会会员未预先缴纳其一年会费者，不得被选进中央委员会"① 的决议案。在 1866 年 11 月 6 日的总委员会会议上，常务委员会（小委员会）提出了"在中央委员会会议上，发言不得超过 5 分钟"② 的建议③，后来在会上，又讨论了常务委员提出的决议案："中央委员会委员，凡无充分理由不出席中央委员会会议四次以上者，应从中央委员会除名。"④ 尽管这些决议案有被否决、被搁置

---

① 王学东主编《国际共产主义运动历史文献：第 5 卷（第一国际总委员会文献 1864～1867）》，中央编译出版社，2011，第 18 页。

② 王学东主编《国际共产主义运动历史文献：第 5 卷（第一国际总委员会文献 1864～1867）》，中央编译出版社，2011，第 218 页。

③ 该项建议被一致否决。

④ 王学东主编《国际共产主义运动历史文献：第 5 卷（第一国际总委员会文献 1864～1867）》，中央编译出版社，2011，第 218 页。此项决议案由于当天出席会议的人员过少，一致通过延期讨论。

的，但从中我们可以看到总委员会对待委员会内部的负责人员、委员们一视同仁，不搞特殊化，也在一定程度上间接为集体领导机制提供了重要保障。

第二，取消常务主席职位。1867年9月24日委员会会议上，一致通过不委任常务主席职位的提案。马克思提出此项提案的初衷是让第一国际的革命思想得以有更大的发展，扼制改良主义思潮在总委员会内部蔓延，避免出现个人专断的行为。此项提案的通过，在一定程度上降低了或者说排除了委员会内部领导者利用职务之便根据个人观点、偏好影响决策倾向的可能性。

第三，不设置名誉会员。国际成立不久，就决定不设置名誉会员。1864年12月10日马克思在致信恩格斯时还特别提及12月初路易·勃朗①写信给总委员会书记克里默一事②。马克思在信中说道："路易·勃朗写信给总书记克里默，说他赞同《宣言》，并为他未能参加圣马丁堂的大会等等而表示遗憾。总的说来，他写信的唯一目的是要人们吸收他为名誉会员。幸亏我预见到会有这种企图，早在此以前就促使通过一项决定，即无论谁都不能被邀请（工人团体除外），任何人都不能成为名誉会员。"③ 不设置名誉会员的举措，既体现出委员与委员之间地位的平等，不存在特殊化现象，也体现出会员与会员之间的平等。人人地位平等是集体领导机制顺利运行的有效保证。

总委员会是（国际代表大会闭会期间）第一国际的领导中心，实行集体领导运行机制，与此同时，也没有忽视个人能力、创造性的有效发挥。总委员会内部负责人员、委员们职权清晰明确，他们

---

① 法国资产阶级民主主义者。
② 信中大意，即路易·勃朗赞成国际章程，希望成为国际名誉会员。
③ 《马克思恩格斯全集》（第31卷），人民出版社，1972，第42页。

各负其责、各展其才、各尽其力、各显其能，每个人都认真负责地分管自己所负责的领域，防止出现只见集体不见个人、只见领导不见负责的局面。总委员会的总书记主要负责在总委员会会议上宣读各直属机构、附属机构以及国际会员的来信，提出关系国际组织活动的重要问题①，代表总委员会的常设机构（常务委员会）作报告等。总委员会的主席主要负责主持总委员会会议，宣读上一次会议记录，裁决提议②，提出具体问题③，整理会议记录等。在总委员会主席有事不便出席总委员会会议的情况下，总委员会的副主席负责主持总委员会会议，有时也负责完成整理会议记录。总委员会的财务书记、财务委员④主要负责结算账目、置办办公用品等。各国通讯书记则主要负责将各国工人运动的情况、国际在各国的活动情况及时汇报给总委员会，将获取到的工人运动中的重要情报第一时

---

① 比如，在1864年11月22日中央委员会会议上，书记提出了关于国际会所问题的动议。见王学东主编《国际共产主义运动历史文献：第5卷（第一国际总委员会文献1864～1867）》，中央编译出版社，2011，第15页。又如，在1865年1月31日中央委员会会议上，书记提出了关于选举权的问题，并说明，已开始筹备组织一个争取成年男子选举权的集会。见王学东主编《国际共产主义运动历史文献：第5卷（第一国际总委员会文献1864～1867）》，中央编译出版社，2011，第35页。再如，在1865年5月30日中央委员会会议上，书记提出了代表协会的刊物问题，并说明公民莱昂·路易斯打算出版一个刊物。见王学东主编《国际共产主义运动历史文献：第5卷（第一国际总委员会文献1864～1867）》，中央编译出版社，2011，第65页。

② 如在1865年3月7日中央委员会会议上，公民沃尔夫提议，删去决议中关于撤销对公民勒福尔的任命那一部分。于是，主席就进行了裁决，将这项提议判定为"否定整个决议案"。见王学东主编《国际共产主义运动历史文献：第5卷（第一国际总委员会文献1864～1867）》，中央编译出版社，2011，第42页。

③ 如在1865年6月13日中央委员会会议上，主席提出了公民沃尔夫把他的会员证交给中央委员会的问题。见王学东主编《国际共产主义运动历史文献：第5卷（第一国际总委员会文献1864～1867）》，中央编译出版社，2011，第69页。

④ 在1864年12月13日的中央委员会会议上选举惠特洛克为财务书记。见王学东主编《国际共产主义运动历史文献：第5卷（第一国际总委员会文献1864～1867）》，中央编译出版社，2011，第23页。在1865年9月12日中央委员会会议上，选举公民德尔为财务委员，并决定今后财务委员和财务书记两个职务合二为一，从此由财务委员负责财务相关事务。见王学东主编《国际共产主义运动历史文献：第5卷（第一国际总委员会文献1864～1867）》，中央编译出版社，2011，第88页。

间递交给总委员会，同时，也负责传达总委员会的决议给本国的各支部和附属团体。集体领导与个人分工负责相结合的运行机制，即是把集体力量和集体智慧与个人的积极性、主动性、创造性有机地结合起来，既防止出现各自为政、各立山头的现象，又防止出现工作推诿、只分工不负责的倾向。两种制度既相互区别，又相互补充，集体领导机制是总委员会民主制度落实的重要前提，而个人分工负责机制又为其提供了重要的保障。集体领导机制、个人分工负责机制与会议机制、委员机制、民主协商机制、民主表决机制一道捍卫着总委员会的中心领导地位，保证总委员会的各项工作能够顺利、有效地进行。

二　主要功能

总委员会作为第一国际代表大会闭会期间的领导中心，是顺应19世纪中后期欧洲的时代背景和环境，为实现第一国际的组织事业目标——"建设、联合、团结"① 顺势而建的。综观第一国际总委员会的主要活动和历史功绩，它主要承担着社会动员、宣传联络、思想领导三大主要功能。

（一）社会动员：支持各国工人运动

社会动员是指"人们所承担的绝大多数旧的社会、经济、心理义务受到侵蚀而崩溃的过程，人们获得新的社会化模式和行为模式的过程"②。社会动员的主要作用是"促使人们与传统社会有

---

① George C. Comninel Marx and the Politics of the First International ［J］, Socialism and Democracy, 08 Aug 2014. 63.
② ［以］艾森斯塔德：《现代化：抗拒与变迁》，张旅平等译，中国人民大学出版社，1988，第 2 页。

关的态度、价值观和期望转变为现代社会所要求的态度、价值观和期望"。① 社会动员的含义主要包括两个方面，"一是社会动员是一个过程，是一个需要调动教育、大众传播等手段来实现的过程，二是需要通过利益机制以及国家与政府作为一种社会中心的功能的发挥，调动人们参与社会经济、政治、社会生活等各方面转型的积极性"②。第一国际通过总委员会充分发挥社会动员功能，发动、组织广大工人投身争取自身平等的权利和义务的活动中去。其中既包括为工人争取经济利益而发动的经济动员，也包括为争取政治利益而发动的政治动员，还包括为争取人类基本权利而发动的人权动员。

1. 经济动员：声援欧洲各国工人争取工人权益的罢工运动

第一国际期间，总委员会的经济动员功能主要体现在声援欧洲各国工人争取工人权益的罢工运动上。据统计，第一国际期间，英国、法国、瑞士、意大利、西班牙、比利时、荷兰、德国、奥匈帝国、俄国、美国等 11 个国家共有 47 个城市发生过罢工。在 1865 年 4 月 25 日的中央委员会会议上，马克思就莱比锡印刷工人罢工事件，首次提出了关于援助罢工者的问题。从此以后，声援工人罢工运动的相关问题从未离开过总委员会的议事日程。当然，此时欧洲大陆本身也流行着罢工运动的潮流，正如马克思所说，"一种真正的罢工流行病，增加工资的要求已成为普遍的要求"③，"为了争取真正的平等和自身的权利、逐步改变阶级力量的平衡，无产阶级以罢工为武器"④。

---

① 陈露：《浅论民族主义社会动员及其形式》，《华南师范大学学报》（社会科学版）2003 年第 5 期。

② 于建嵘：《岳村政治：转型期中国乡村政治结构的变迁》，商务印书馆，2001，第 285 页。

③ 《马克思恩格斯全集》（第 16 卷），人民出版社，1964，第 113 页。

④ Vesa Oittinen. On the Legacy of the International Working Men's Association after 150 Years [J]. Monthly Review. April 2015. 31.

　　总委员会发挥经济动员功能所倡导的理念即领导第一国际声援各国工人为争取、保卫自身的阶级利益而不断斗争。无产阶级要争取的经济利益主要包括缩短工作时间、提高工资、改善工作条件等。总委员会经济动员功能的发挥离不开总委员会组织机构的扶持，具体包括以下几个方面。

　　第一，总委员会通过各国通讯书记，将动员任务和相关事宜通知总委员会直属机构（大陆所有支部）、附属机构（全部附属团体），直属、附属机构再依据决议精神分头进行活动，若有突发情况发生及时向总委员会汇报。

　　第二，总委员会通过宣传机构（国际机关报），以公开发表声明、发放传单、发布呼吁书的方式向工人们传达决议，动员各地工人、群众给予罢工运动实际支援。

　　第三，总委员会派出的代表团（由总委员会委员组成）负责调解企业主与工人之间的矛盾。在罢工期间，代表团会活跃于罢工运动中并对工人给予援助和支援。

　　总委员会经济动员功能的发挥主要体现在以下几个方面。第一，总委员会向罢工者及其家庭提供物质和精神双重援助。第二，在国际机关报、民主报刊、工人报刊上发表文章向资产阶级发出警告，揭露企业以从国外输入工人为工具企图破坏罢工行动的阴谋。第三，通过发放呼吁书和传单的形式向工人们及时通报各国的罢工情况和歇业情况，展示阶级力量对比和分布，以具体的事例引导、教育、鼓励工人认识到自己利益的存在，为争取自身利益而不断斗争。第四，搜集、统计各国工资情况并把同一部门计件工资的数据通报各地。积极推动国际工人运动的进展，声援欧洲各国工人的罢工运动。在这里需要指出的是，总委员会发挥经济动员功能的主要经济来源有两个：一是号召国际会员、总委员会直属团体、总委员会附属团体、各国民众向罢工运动中的工人们施以援助，开展募捐活动；二是总委员会向参加罢工的工人提供贷款。

"马克思虽把罢工看作是最初的、往往是还未被认识的阶级斗争形式，但又认为在罢工斗争中互相援助是阶级团结和无产阶级国际主义的好学校。保卫罢工者的协同行动是使广大群众接受国际主义思想的最有效的形式之一。"①总委员会支援各国的工人运动，对整个无产阶级和第一国际自身都产生了重要影响。对无产阶级而言，提升了自身的阶级觉悟和国际主义团结精神。总委员会领导第一国际投身争取工人权益的罢工运动之中，对工人们给予声援和帮助，促成了多次运动的胜利，让工人们充分地认识到"所有这些事实清楚地表明，社会只是由两个相互敌对的阶级即压迫者和被压迫者构成的，只有全世界工人的团结才能使我们获得彻底的解放"②。按照瑞士企业主的说法，第一国际"这个团体第一次把现代的反抗精神送到了善良而古老的帝国城市巴塞尔"③。残酷的斗争实践打破了工人群众的传统观念（雇主是万能的，是不可触碰的），他们逐渐认识到"有志者，事竟成"，只有依靠自己本身，才能取得自己彻底的政治解放和社会解放。即使罢工斗争失败了，也并不意味着经济动员功能的失利。马克思在《总委员会向国际工人协会第四季度代表大会的报告》中，曾以1868年12月法国爆发的索特维耳—勒—卢昂纺织工人罢工事件为例说明失败的罢工也能起到教育、启发、提升无产阶级革命觉悟的重要作用。马克思说："这场经济斗争虽然失败了，可是它的精神影响却使这种失败得到了广泛的补

---

① 〔苏〕巴赫、戈尔曼、库尼娜编《第一国际：第一卷（1864～1870）》，杭州大学外语系俄语翻译组译，生活·读书·新知三联书店，1980，第69页。
② 《马克思恩格斯全集》（第21卷），人民出版社，2003，第575页。
③ 《马克思恩格斯全集》（第16卷），人民出版社，1964，第419页。

偿。这场斗争把诺曼底的棉纺织工人吸引到了革命的劳动大军的队伍中来；它使卢昂、埃耳伯夫、达尔讷塔耳和其他地方成立了工会。"[1] 对第一国际本身而言，总委员会的经济动员功能，不仅提高了第一国际在各国工人中的威望，也使得第一国际的规模、第一国际会员的数量得到进一步的拓展和提升，促进第一国际在世界范围内发展壮大。在总委员会的援助下，罢工运动取得胜利的部门里的工人们先后加入了第一国际。比如，1866 年 3 月英国伦敦缝纫工人罢工胜利后，他们在不列颠缝纫工人代表会议上建立的保护缝纫工人协会加入了第一国际。又如，在总委员会的动员和帮助下，日内瓦建筑工人的斗争最终取得了胜利，"在这以后，早已在瑞士深深地扎下根的国际工人协会，开始迅速而广泛地发展起来"[2]，日内瓦增加了 1000 名国际会员。"有 50 个德意志工人教育协会在 1868 年 8 月 9 ~ 10 日诺恩堡（纽沙特尔）举行的代表大会上'一致决定加入国际'。"[3] 在比利时，"在沙勒罗瓦事件后，我们在比利时的成就就得到了保证"[4]，"当时比利时增加了 200 个支部，其中有的支部有几百名会员"[5]。

2. 政治动员：引导英国工人阶级参加第二次选举法改革运动

第一国际期间，总委员会引导英国无产阶级参加第二次选举法改革运动是总委员会发挥政治动员功能的典型范例。19 世纪 30 年代至 19 世纪末正值英国政治制度的改革期，1832 年议会改革法案的颁布标志着英国政治制度的第一次改革，开启了英国政治改革的阀门，也是英国政党政治发展的重要转折点。1832 年英国的第一次

---

① 《马克思恩格斯全集》（第 16 卷），人民出版社，1964，第 423 页。
② 《马克思恩格斯全集》（第 21 卷），人民出版社，2003，第 465 页。
③ 张汉清：《马克思、恩格斯与第一国际》，东北师范大学出版社，1996，第 216 ~ 217 页。
④ 《马克思恩格斯全集》（第 21 卷），人民出版社，2003，第 464 页。
⑤ 张汉清：《马克思、恩格斯与第一国际》，东北师范大学出版社，1996，第 217 页。

议会改革，初步改变了下议院的成分，但是此次改革是相当保守的，不但没有真正动摇土地贵族的地位，"据载：1833年新议会中，贵族子弟仍有217人，全部或部分代表土地所有者利益的议员共有444人"①，同时改革的结果并没有让完成了绝大多数任务的无产阶级和广大群众获得选举权。对于无产阶级和广大人民群众来说，此次改革更像是一场骗局，他们被赤裸裸地利用。马克思曾愤怒地指出："恐怕从来还没有一个这样强大的、看来似乎成功的人民运动得到这样微不足道的表面的结果。"② 工人群众的革命报刊《贫民卫报》也曾这样揭露辉格党的法案是"最不开明、最暴虐、最可憎、最不光彩和最下流的"③。

由于第一次议会改革的不彻底性，英国政治的贵族特征依旧明显，议会的下议院多数席位仍被土地贵族控制。"1862~1867年的议会下院议员中，包括从男爵在内的贵族家庭成员仍有200余名，另有大约100名议员因婚姻和继承关系与贵族有密切联系。整个看来，土地贵族仍在下院占有大约一半的议席，所有地产利益的代表则超过400余人。1832~1865年，土地经营者的代表仅下降6%，下院的阶级结构仍未发生根本变化，议会改革任重道远。"④ 19世纪60年代，伴随着资本主义的迅猛发展、阶级状况的变化以及阶级矛盾的激化，英国兴起了第二次选举法改革运动。此次改革历时两年多的时间，最终以半途而废告终，改革的果实只是使得收入较多的上层工人获得了选举权。但在此次改革运动中，第一国际总委员会却发挥了重要的政治动员功能。

---

① 阎照祥：《英国政治制度史》，人民出版社，2012，第290页。
② 《马克思恩格斯全集》（第11卷），人民出版社，1962，第437页。
③ 《一八一五~一八七〇年的英国》，张芝联选译，商务印书馆，1961，第54页。
④ 阎照祥：《英国政治制度史》，人民出版社，2012，第329页。

政治动员是指"一连串旧的社会、经济和心理信条全部受到侵蚀或被放弃，人民转而选择新的社交格局和行为方式"①，"它意味着人们在态度、价值观和期望等方面和传统社会的人们分道扬镳，并向现代社会的人们看齐"②。简单来说，"所谓政治的动员，指的是政党、政府、社会群体或者精英人物等为了实现特定的目的，运用各种手段实现其目标的行为与过程"③。总委员会为引导英国无产阶级争取普选权的运动，以"给全体成年男子以选举权"为斗争纲领和口号，通过宣传鼓动等手段，帮助英国广大工人获得普选权。总委员会在引导英国无产阶级参加第二次选举法改革运动的过程中，想要达到的政治动员目标，不是单纯地争取普选权，而是通过改革运动的实践完成更为广泛的任务，使得英国工人群众摆脱资产阶级和工联主义的双重影响，开创英国工人运动独立的革命新道路。这一过程，采取的是自下而上的政治动员形式，即通过大众群体、工人群众，逐步推动和实现社会动员功能的发挥。

总委员会在引导英国第二次选举法改革运动中，其参与方式主要有两种。其一，总委员会派遣代表团作为"观察员"参与第二次选举法改革运动会议。比如，在1865年1月31日中央委员会召开的会议上，就根据马克思的提议作出了派遣一个代表团作为普通"观察员"参与资产阶级激进分子为保卫男子普选权而发起召开的临时委员会会议或是群众大会。派遣"观察员"的主要目的是"我们选派的代表加入常务委员会，从而可以监督这些家伙，在他们企图发动新的叛变（我已经向大家说明，他们肯定在进行这种策

---

① 〔美〕塞缪尔·P.亨廷顿：《变化社会中的政治秩序》，王冠华、刘为等译，生活·读书·新知三联书店，1989，第31页。
② 徐彬：《抗日战争时期中国共产党政治动员研究》，中国社会科学出版社，2013，第5页。
③ 徐彬：《抗日战争时期中国共产党政治动员研究》，中国社会科学出版社，2013，第27页。

划）时揭发他们，那么我们就和他们一起行动"①。又如，在 1865 年 2 月 23 日召开的选举法改革拥护者会议上，会议选出的 29 位工人会员代表团，其中有许多均是中央委员会委员（如德尔、豪威尔、威勒尔、韦斯顿、奥哲尔、利诺、约翰·奥斯本、克里默、约翰·德·奈阿斯、罗吉尔·毛勒·格雷、哈特威耳、惠特洛克和威廉·德·斯坦斯比）。其二，参与改革拥护者组织，争取组织的领导权。马克思在 1865 年 2 月 25 日致信恩格斯时就明确指出："国际协会在为建立新的改革同盟而成立的委员会中如此成功地构成了多数，以致整个领导权都掌握在我们手中。"② 同年 3 月底，改革同盟选出了同盟的主席埃德蒙·比尔斯（资产阶级激进派）、常务书记乔治·豪威尔（工联派领袖）和扩大的理事会，以及由 12 人组成的较小的常设执行委员会。在这 12 人的委员会中，半数是第一国际中央委员会委员（其中包括克里默、利诺、约翰·德·奈阿斯、奥哲尔、豪威尔、埃卡留斯），其余半数均属于资产阶级激进派代表。马克思对此结果表示十分的满意，曾这样说道："改革同盟是我们一手建立的，在由十二个人（六个资产者、六个工人）组成的小小的委员会里，工人都是我们总委员会的委员（其中有埃卡留斯）。"③ 马克思还评述了改革同盟建立及这一运动的重要意义，他说："我们已经挫败了资产者想把工人阶级引入歧途的一切折中的企图。"④ 他还指出："如果没有我们，这个改革同盟要么永远不会产生，要么掌握在资产阶级手中。"⑤

总委员会在英国第二次选举法改革运动中发挥政治动员功能主

---

① 《列宁全集》（第 58 卷），人民出版社，1990，第 390 页。
② 《马克思恩格斯全集》（第 31 卷），人民出版社，1972，第 84 页。
③ 《马克思恩格斯文集》（第 10 卷），人民出版社，2009，第 227 页。
④ 《马克思恩格斯文集》（第 10 卷），人民出版社，2009，第 227 页。
⑤ 《马克思恩格斯全集》（第 31 卷），人民出版社，1972，第 122 页。

要体现在以下几方面的具体工作上。

第一，总委员会对争取选举权问题予以关注并积极宣传鼓动无产阶级参与运动。第一国际成立不久，在 1864 年 12 月 29 日召开的中央委员会会议上就进行了有关"协会关注选举权问题是否适当"问题的讨论，当时并未讨论出明确的结果，但最后克里默提议"委员会认为为普选权进行宣传鼓动是有价值的"①。总委员会通过派遣代表团参会或通过允许总委员会委员参与改革拥护者组织等方式积极发挥政治动员作用。

第二，提供正确的方针、政策，努力捍卫无产阶级在运动中的领导权。总委员会为英国无产阶级制定了对待选举法改革运动的正确方针和政策，主要包括两大主要内容：其一，明确英国无产阶级应该积极参加此次选举法改革运动的态度；其二，第一国际总委员会同意英国无产阶级和资产阶级进行暂时的结盟，但这暂时的结盟是有条件的结盟和合作，无产阶级要坚持对运动的领导权，要时刻警惕资产阶级的妥协与叛变。

第三，伴随着群众性改革运动的高涨以及工联领袖们的动摇和背叛，总委员会中马克思、恩格斯及其拥护者当即展开了对格莱斯顿改革法案的欺骗性质和工联领袖们的妥协与叛变行径的揭露。恩格斯对格莱斯顿改革法案的不彻底性和欺骗性进行了尖锐的批判，他指出，"可怜的法案"是"多么微不足道的局部让步！"②马克思也指出，"一切英国运动的可诅咒的传统性又在选举改革运动中表现出来了"③，"我们发动的改革运动却几乎断送了我们"④，"第二

---

① 王学东主编《国际共产主义运动历史文献：第 5 卷（第一国际总委员会文献 1864~1867）》，中央编译出版社，2011，第 25 页。
② 《马克思恩格斯全集》（第 31 卷），人民出版社，1972，第 204 页。
③ 《马克思恩格斯全集》（第 31 卷），人民出版社，1972，第 199 页。
④ 《马克思恩格斯全集》（第 31 卷），人民出版社，1972，第 205 页。

次议会改革虽然扩大了选举权，但在议席分配和选区划分方面进展不大，不合理的现象有目共睹。概括而言，是城镇选区比郡选区拥有的议席多，农业郡比工业郡的议席多，英格兰东南部比其他地区的议席多"①，"与议席分配不公并存的是选举腐败行为的存在"②。

虽然此次运动由于资产阶级激进派和英国工联领袖支持部分改革的妥协路线，改革运动最终半途而废，但是总委员会在第二次选举法改革运动中发挥的政治动员功能起到了良好的动员效果。"第一国际建立后，在马克思、恩格斯的指导下，英国工人阶级争取普选权的斗争进入新阶段。"③ 从 1864 年 12 月 29 日总委员会第一次开会讨论"协会关注选举权问题是否适当"的问题起，直至 1867 年 8 月 15 日托利党政府的选举法改革法案被议会正式通过成为正式法律为止，总委员会的政治动员功能发挥了实效。对英国工人而言，总委员会从政策、方针到组织人力等诸多方面提供了资源支持，激发了英国无产阶级的改革热情和革命斗志，争取到了更多、更为广泛的政治认同。当然，也从另外一个方面深刻地反映出，通过引导改革运动的实践使得总委员会的动员技术愈益成熟，总委员会内部以马克思、恩格斯为首的委员们奋起高呼，在一个阶段内颇占上风，也使得第一国际在英国工人民众中的影响力大为提升。

3. 人权动员：支持美国北方人民反对南方奴隶主的正义斗争

"人权，是指在一定的社会历史条件下每个人按其本质和尊严享有或应该享有的基本权利。……就其完整的意义而言，就是人人自由、平等地生存和发展的权利，或者说，就是人人基于生存和发

---

① 阎照祥：《英国政治制度史》，人民出版社，2012，第 332 页。
② 阎照祥：《英国政治制度史》，人民出版社，2012，第 332 页。
③ 阎照祥：《英国政治制度史》，人民出版社，2012，第 330 页。

展所必需的自由、平等权利。"① 1861 年至 1865 年美国北方人民反对南方奴隶主的正义斗争得到了第一国际总委员会的高度关注和支持，这是总委员会人权动员功能发挥的重要示范。

19 世纪上半叶的美国处于资本主义发展的上升时期，这一时期美国的经济是以雇佣劳动为基础的北方工业资本主义经济制度和以奴隶劳动制为基础的南部种植园经济制度同时并存并互相斗争的时期，马克思将其归结为"奴隶制度与自由劳动制度之间的斗争"②。美国南方的奴隶制度是在呼喊着人权口号掩盖下深刻的社会不公。道格拉斯批判奴隶制度是"对人类的耻辱""对共和国的嘲弄"。林肯认为，奴隶制度是违反人性的，它玷污了美国共和制的长袍，"共和长袍已经染污，在泥中拖曳，让我们来重新把它洗干净。让我们即使不是以独立战争的鲜血也要以独立战争的精神来把它洗得洁净。让我们使奴隶制从它要求的'道德权利'回到它现有的法律权利和关于'需要'的论据上来"③。当然，"从资产阶级提出'人权'之日起，无产阶级和广大劳动人民便开始了争取自己的真正人权的斗争"④。林肯在解放黑奴问题上态度是坚决的，他认为："既然大多数好的东西都是由劳动创造出来的，那么……享受这一切东西的权利，应属于用自己的劳动生产出这些东西的人们。但是在这个世界上，有史以来，总是有一些人劳动而另一些人不劳动，不劳动者却享受大部分劳动果实。这是错误的，这种情况不能再继续下去。"⑤

马克思早在 1848 年发表的《共产党宣言》中就明确提出了共

---

① 董云虎：《人权大宪章》，中共中央党校出版社，2010，第 1 页。
② 《马克思恩格斯全集》（第 15 卷），人民出版社，1963，第 365 页。
③ 何海波：《人权二十讲》，天津人民出版社，2008，第 91 页。
④ 董云虎：《人权大宪章》，中共中央党校出版社，2010，第 3 页。
⑤ 〔美〕卡尔·桑德堡：《林肯传》，云京译，生活·读书·新知三联书店，1978，第 44 页。

产党人的奋斗目标，"每个人的自由发展是一切人的自由发展的条件"①，同时共产主义的重要特征也是"每个人的自由发展"，这也就是意味着实现人的解放。由马克思起草的《国际工人协会成立宣言》和《临时章程》充分反映了无产阶级应该联合起来，实现自身解放的诉求。这里要实现的解放，实际上就包括实现人权的重要内容。由此看来，人权不仅仅是包括自由、平等的权利，不仅仅包括政治地位，更涵盖了经济地位以及与文化、社会相关的权利与地位。马克思指明了资本主义的人权形态，即是在资本主义制度的前提下打着"民主、自由、平等、人权"的幌子，实际上却秘密地对劳动人民进行着残酷的剥削和压迫。"马克思主义认为，人的权利是与人的劳动机能和人创造物质精神财富的实际贡献不能分开的，因而也是与人的生存和发展不能分开的。所以，人权的首要前提就是消灭私有制，排除阶级剥削和压迫。自由只要与劳动摆脱资本剥削和压迫相抵触，那就只能是骗人的东西；平等如果不涉及消灭私有制，那就必然要流于荒谬。"②总之，人权的基础即劳动，只要存在私有制和剥削制度，就不可能存在真正的平等和自由。因此看来，要实现真正意义上的人权，实现人的自由而全面的发展，就要以消灭私有制和剥削制度为前提。

第一国际总委员会除了对美国北方人民反对南方奴隶主的斗争一直予以高度关注之外，同时，对此的态度也是极为明确、清晰和鲜明的。总委员会坚决支持以林肯总统为首的美国北方人民反对南方奴隶主的斗争，反对欧洲各国反动政府对南方奴隶主叛乱集团的支持，反对欧洲各国反动政府对美国内战的干涉，总委员会将美国

---

① 《马克思恩格斯文集》（第 2 卷），人民出版社，2009，第 53 页。
② 董云虎：《人权大宪章》，中共中央党校出版社，2010，第 3～4 页。

北方人民反对南方奴隶主的斗争视为正义的斗争，一直积极地发挥着人权动员的重要功能。

总委员会主要通过三种动员形式实现人权动员的目标。

第一，通过召开总委员会会议的方式商讨对待林肯总统再次当选的态度以及组织、动员废除奴隶制运动方面的相关问题。在1864年11月22日中央委员会会议上一致通过决议，祝贺林肯再次当选总统，"以本委员会名义致书美国人民，祝贺林肯再次当选"[①]。在由小委员会起草的《致美国总统阿伯拉罕·林肯》的公开信的最后，还特别赞颂了林肯总统为人民争取权利的运动、人类解放运动作出的杰出贡献，信中指出，（欧洲工人们坚信）"他们认为，由工人阶级忠诚的儿子阿伯拉罕·林肯来领导自己国家进行解放被奴役种族和改造社会制度的史无前例的战斗，是即将到来的时代的先声"[②]。1865年4月25日，在中央委员会会议上，由克里默提议、韦斯顿附议："中央委员会邀请奴隶解放协会和工联理事会联席开会，组织示威运动来纪念美利坚联邦的复兴和废除奴隶制。"[③] 该项决议得到了一致通过。

第二，通过致公开信、信件往来的方式表达对美国北方人民反对南方奴隶主斗争的态度，以及后来林肯遇刺的态度。马克思在致林肯总统的公开信中明确表态，将关注并支持林肯领导的北方人民反对南方奴隶主的正义斗争。在1865年5月2日的中央委员会会议上，一致通过了克里默的提议："起草并发出一封告美国人民书，

---

① 王学东主编《国际共产主义运动历史文献：第5卷（第一国际总委员会文献1864～1867)》，中央编译出版社，2011，第17页。

② 王学东主编《国际共产主义运动历史文献：第5卷（第一国际总委员会文献1864～1867)》，中央编译出版社，2011，第19页。

③ 王学东主编《国际共产主义运动历史文献：第5卷（第一国际总委员会文献1864～1867)》，中央编译出版社，2011，第56页。

阐明中央委员会对美国最近事态，特别是对林肯先生被害一事的观点。"①

第三，通过在群众集会上发表演讲、演说表明对待争取人民权利运动的态度。1865 年 4 月 14 日，林肯被刺杀身亡，可以说"美国因林肯生活在世，也因林肯为自由献身，再也没有无辜的人被戴上枷锁。林肯为自由而生，为自由而战，为自由而死——只要上帝赋予生命，人人皆生而自由"②。在日内瓦举行的一个哀悼合众国已故总统的大规模集会上，菲利浦·贝克尔发表了讲话，指明了第一国际总委员会会站在争取人民权利运动的前列，该讲话受到了与会者的强烈欢呼和喝彩。

废除奴隶制度的运动主要是为了满足北方资产阶级的利益和要求，为美国资本主义经济的发展扫除障碍。但是，进一步来看，消灭奴隶制度，在一定程度上同样符合广大劳动人民的利益。奴隶制的废除使黑奴变为自由公民，他们在一定程度上获得了自由、民主等权利，也促使无产阶级队伍不断成长、壮大。再进一步来讲，工人们获得更为广泛的权利也代表着无产阶级自身待遇的改善。因此，第一国际总委员会以支持美国北方人民反对南方奴隶主的正义斗争为代表的人权动员功能对美国无产阶级思想觉悟的提升，以及后来美国工人运动的发展发挥了良好的启蒙作用。

（二）宣传联络：派遣、接待访问团

宣传联络功能是总委员会的一项重要功能。总委员会职能的发挥更离不开宣传联络功能的作用，总委员会组织规模的扩大也离不开宣传联络功能的应用。总而言之，宣传联络功能极大地促进了总

---

① 王学东主编《国际共产主义运动历史文献：第 5 卷（第一国际总委员会文献 1864~1867）》，中央编译出版社，2011，第 57 页。

② 〔德〕艾米尔·路德维希：《林肯》，夏晗译，当代中国出版社，2014，第 462 页。

委员会在第一国际中心领导地位的实现，扩大了总委员会在工人组织、工人团体中的影响力。《国际工人协会章程和组织条例》①将总委员会定性为"总委员会应成为沟通各种互相合作的团体之间联系的国际机关"②，暂且通过"沟通"和"联系"两个词语就可以清晰明了地反映出总委员会的宣传联络功能，在一定程度上可以说，总委员会扮演着国际工人运动"宣传者"和"联络人"的角色。下面分别介绍一下总委员会的"宣传"和"联络"功能。

1. 宣传功能

总委员会宣传的内容主要包括第一国际的思想、原则、纲领、章程、条例等，即第一国际的基本精神。宣传的目的也就是实现第一国际创立的目标——"追求工人阶级的保护、发展和彻底解放的各国工人团体进行联络和合作的中心"③。总委员会宣传的载体和媒介主要有总委员会的直属机构（国际支部）、总委员会的附属机构（附属团体）、总委员会的宣传机构（国际的机关报）、总委员会选派的访问团及访问团代表、总委员会的负责人员、总委员会的委员、国际的会员等。在众多宣传载体和媒介的共同努力下，才得以支撑总委员会庞大的宣传功能。宣传功能的实现，离不开总委员会对多种媒介和载体的综合运用和统筹，也离不开总委员会所承担的以下诸多具体工作。

第一，利用报刊宣传国际思想。第一国际成立不久，《蜂房报》就刊登了第一国际的《成立宣言》和《临时章程》。日内瓦出版的

---

① 《国际工人协会章程和组织条例》在 1866 年 9 月 5 日和 8 日日内瓦代表大会上通过，章程以 1864 年 10 月马克思起草的临时章程为基础。

② 王学东主编《国际共产主义运动历史文献：第 5 卷（第一国际总委员会文献 1864～1867）》，中央编译出版社，2011，第 459 页。

③ 王学东主编《国际共产主义运动历史文献：第 5 卷（第一国际总委员会文献 1864～1867）》，中央编译出版社，2011，第 459 页。

国际的报纸上也发表了法文版国际的《成立宣言》①和《临时章程》②。在 1864 年 4 月 10 日委员会会议上，特别提到了 1866 年 4 月 8 日《国际工人协会报》③第 5 期报道了瑞士对国际工人协会日内瓦代表大会的筹备工作。总委员会除了利用自己的宣传机构——国际的机关报④（《蜂房报》《矿工辩护士报》《东邮报》等）宣传国际的思想之外，也会利用资产阶级性质的刊物对第一国际的思想进行刊发和传播。在 1865 年 5 月 16 日的中央委员会会议上，决定将协会致约翰逊总统的公开信的副本寄送给资产阶级报纸《纽约论坛报》⑤以备刊登。从 1866 年春天起，由于《共和国》遇到财政困难，资产阶级激进派分子加大了对《共和国》的影响，马克思退出了工业报公司理事会，福克斯退出了编辑部。同年 7 月起，《共和国》基本与国际断绝联系。于是在 1866 年 7 月 10 日中央委员会会议上，通过了一项放宽报道总委员会相关消息受刊物限制的决议，决议规定："今后，我们不要把我们的报道局限于只投一家报纸，而投给凡是愿意刊登的不论哪一家报纸。"⑥

总委员会利用报刊发布总委员会起草的重要文件、呼吁书、决议（《成立宣言》《临时章程》《告美利坚合众国人民书》《致瑞士工人呼吁书》等），让外界增进对第一国际的了解，让更多的工人、工人组织和团体了解第一国际的基本精神和具体思想，提高了工人

---

① 《成立宣言》刊登在 1866 年 1 月 28 日该报的第 2 期上。

② 《临时章程》刊登在 1865 年 12 月 17 日该报的第 1 期上。

③ 瑞士支部的出版刊物。

④ 虽是国际的机关报，但并没有被总委员会完全掌握。详见第三章一（二）。

⑤ 1865 年 5 月 16 日中央委员会会议记录原文使用的报刊名为《纽约论坛报》，该报全称为《纽约每日论坛报》（*The New-York Daily Tribune*），资产阶级报纸。马克思于 1851 年 10 月至 1862 年 3 月曾与这家报纸合作过。美国内战初期，马克思停止了与该报的合作，主因是该报逐步转变为向蓄奴的南方妥协的方向，告别了进步立场。

⑥ 王学东主编《国际共产主义运动历史文献：第 5 卷（第一国际总委员会文献 1864~1867）》，中央编译出版社，2011，第 171 页。

觉悟，推动无产阶级联合行动；以工人报刊为媒介报道总委员会会议的召开情况、总委员筹办代表大会、代表会议的进展，总委员会代表团出席工人团体会议的情况，直属和附属机构（以来信的方式）报告工人团体的活动情况、团体加入第一国际的情况以及总委员会关于重大问题的讨论（比如德国问题、普奥战争问题）和工人群众的斗争情况等，让工人们、工人组织和团体意识到在总委员会的领导下第一国际一直致力于无产阶级解放的光辉事业，让工人们了解到总委员会的直属机构——各国的国际支部、总委员会的附属机构——附属工人团体也一直有所行动，工人们之间需要彼此的团结和联合才能解决问题，大家为了共同的目标一起努力。

第二，通过多种渠道，传播第一国际的纲领和章程。关于《成立宣言》和《临时章程》的意义和价值，第一国际成立大会的主席比斯利教授曾这样评介说，它"可算是对工人反对资产阶级的事业的最有力、最令人信服的叙述"，虽然"它的篇幅却只有短短的十二页"[1]。这两份重要的历史性文件，奠定了国际工人运动的基本路线，为第一国际的发展指明了奋斗的方向和前进的道路。为了宣传第一国际的思想，提高第一国际在国际工人运动中的影响力，接受更多会员、工人组织和工人团体加入国际，总委员会特别重视对国际纲领和章程的传播和宣传。第一国际成立不久，《蜂房报》上刊登了《成立宣言》[2]，但里面出现了个别错别字。在 1864 年 11 月 8 日中央委员会会议上，（由阿尔多夫兰迪提议、卡特附议）请马克思改正宣言中的错别字之后，并印发 500 份宣言、纲领[3]和章程。会议的下一周，即在 11 月 15 日中央委员会会议上，又决定刊印

---

[1] 〔德〕弗·梅林：《马克思传》，樊集译、持平校，人民出版社，1965，第 41 页。

[2] 1864 年 11 月 5 日《蜂房报》第 160 期刊登了国际的《成立宣言》。

[3] 这里的纲领特指宣言的序言部分。

1000 份《成立宣言》和《临时章程》。1864 年刊印的这些宣言和章程全部为英文版本；1865 年 5 月底，总委员会决定①开始印发法文、意大利文和德文的《成立宣言》和《临时章程》，当时的印发数量由小委员会确定。总委员会印发多种语言的《成立宣言》和《临时章程》主要是为了在工人组织、工人团体中进行分发，总委员会委员们利用一切机会宣传第一国际思想。其具有代表性的典型事例，比如，在 1865 年 10 月 3 日的中央委员会会议上，杜邦②向总委员会报告他的朋友克拉斯③要去纽约，他建议总委员会批准同意让克拉斯带走几份《成立宣言》，以便在纽约宣传国际思想。又如，在 1866 年 11 月 13 日的总委员会会议上，在代表团报告环节，克里默④报告说，他要利用去英格兰东海岸讲学的机会宣传第一国际思想，特此申请批准携带 300 份协会的《成立宣言》。再如，在 1866 年 3 月 20 日的委员会会议上，财务书记德尔⑤还特别给奥尔西尼 24 本第一国际的章程，供他在旅行中发放。除了总委员会充分

---

① 于 1865 年 5 月 30 日中央委员会会议上通过，由德尔提议、福克斯附议的决议。

② 杜邦·欧仁（1831～1881），法国工人、工人活动家。国际总委员会委员（1864～1872），法国通讯书记（1865～1871），参加了伦敦代表会议（1865）和日内瓦代表大会（1866），担任了洛桑代表大会（1867）的主席，布鲁塞尔代表大会（1868）、伦敦代表会议（1871）和海牙代表大会（1872）的代表，还担任了《法兰西信使报》的撰稿人，（1868 年以前）伦敦法国人支部成员，曼彻斯特法国人支部创建人之一（1870），国际不列颠联合会委员会委员（1872～1873），1874 年起迁居美国，与马克思、恩格斯是亲密的战友。

③ 国际会员，1865 年迁居美国。

④ 威廉·兰德尔·克里默（1828～1908），英国工联主义运动和资产阶级和平主义运动活动家，改良主义者，粗细木工工联的创始人之一、领导人之一，工联伦敦理事会理事，英国波兰独立全国同盟、土地和劳动同盟盟员。1864 年国际成立大会参加者，国际总委员会委员，1864～1866 年担任国际总委员会总书记，出席参加了国际伦敦代表会议（1865）和日内瓦代表大会（1866）。曾经参加改革同盟执行委员会。后来，成为自由党议会议员（1885～1895，1900～1908）。

⑤ 德尔·威廉（Dell William），室内装修工人，英国工人运动和民主运动活动家，英国波兰独立全国同盟盟员。1864 年 9 月 28 日国际成立大会出席者，1864～1869 年担任国际总委员会委员，1865 年、1866 年、1867 年担任国际总委员会财务书记，1865 年伦敦代表会议的参加者，改革同盟的领导人之一。

利用各种途径主动对第一国际的纲领和章程进行分发、传播之外，很多工人团体也纷纷致信，主动要求总委员会寄送一些宣言和章程。在 1865 年 11 月 21 日中央委员会会议上就宣读了鞋匠联合会书记的来信①，特别要求总委员会寄去一些《成立宣言》和《临时章程》，以便分发给伯明翰各分会。在 1866 年 4 月 24 日的中央委员会会议上，大会通过了小委员会提出再版《成立宣言》和《临时章程》的决议并要求莱诺②再印刷 1000 份《成立宣言》和《临时章程》。在 1866 年 8 月 14 日中央委员会会议上，宣读的一封《为促进国际工人协会的目标，受伦敦马车制造匠友爱会委派十人委员会的委托，致东中央区包佛里街 18 号克里默先生》③ 的来信，信中指出伦敦马车制造匠友爱会委派十人委员会要求总委员会寄送24 份《成立宣言》和《临时章程》，以便分给与他们行业相关的团体，另外他们每人手中备有一份，用以他们在访问之前加以"熟读"。《成立宣言》和《临时章程》的刊发、出版和传播，成为总委员会宣传工作的重要环节，是总委员会宣传第一国际思想和原则最主要的手段。

第三，印发传单，发挥动员作用。总委员会除了印发《成立宣言》和《临时章程》，还会通过印发传单，告知广大工人、团体当前工人运动的情况和总委员会的主要活动等。传单的内容主要包括号召工人加入第一国际的倡议书、加入第一国际工人团体需要填写的申请书以及鼓舞工人参加罢工、示威运动的宣传手册等。在 1865

---

① 1865 年 11 月 7 日的来信。

② 莱诺·约翰·布雷德福德（Leno John Breaford），1826 年出生，英国印刷工人，宪章主义者，后来成为工联主义者，劳动阶级福利总同盟盟员和改革同盟盟员。1864 年国际成立大会参加者，1864 ~ 1867 年担任国际总委员会委员，1865 年参加国际伦敦代表会议，《工人辩护士报》（1865 ~ 1866）发行人。

③ 王学东主编《国际共产主义运动历史文献：第 5 卷（第一国际总委员会文献 1864 ~ 1867）》，中央编译出版社，2011，第 183 ~ 184 页。

年 6 月 6 日中央委员会会议上，福克斯①就建议"印发并广为散发号召加入协会的传单"②，此次印发的传单是号召英国工人团体加入国际的邀请书③，邀请书以马克思建议通过的关于接受工人组织加入国际工人协会的条件的决议为基础。在 1865 年 8 月 8 日中央委员会会议上，也通过了为第一国际在布莱克赫斯主办的示威活动印发 5000 张此次集会的传单。在 1866 年 8 月 14 日的中央委员会会议上，总委员会书记克里默报告了第一国际代表团访问马车制造匠的情况，宣读了一封《为促进国际工人协会的目标，受伦敦马车制造匠友爱会委派十人委员会的委托，致东中央区包佛里街 18 号克里默先生》④ 的信，信中特别说明了伦敦马车制造匠友爱会委派十人委员去访问与马车制造行业有联系的十个工人团体，将第一国际的传单发给了工人们并向他们介绍了传单内容，期待每个团体都能团结联合起来，就如伦敦马车制造匠友爱会与第一国际一样形成紧密联合。传单同报刊一样成为总委员会落实宣传工作的重要媒介，为总委员会的领导工作发挥了重要的配合作用，同时，也充分彰显了总委员会宣传功能的有力落实。

第四，发放呼吁书，支持总委员会活动。筹备第一国际的代表大会、代表会议是总委员会的一项重要职能。总委员会曾通过寄

---

① 福克斯·彼得（真名彼得·福克斯·安德烈，Fox Peter）于 1869 年去世，新闻工作者，英国民主运动和工人运动活动家，英国波兰独立全国同盟领导人之一。1864 年 9 月 28 日国际成立大会参加者，1864 年至 1869 年担任国际总委员会委员，1865 年起正式担任总委员会报刊的通讯员。1866 年 9 月至 11 月担任总委员会总书记，1866 年至 1867 年担任美国通讯书记，1866 年为《共和国》的主要编辑之一，改革同盟执行委员会委员。

② 王学东主编《国际共产主义运动历史文献：第 5 卷（第一国际总委员会文献 1864～1867）》，中央编译出版社，2011，第 67 页。

③ 传单是在 1865 年夏天印发的，以"国际工人协会中央委员会"为开头。传单除了印发邀请之外，还印发了工人团体加入国际申请书的专门格式。

④ 王学东主编《国际共产主义运动历史文献：第 5 卷（第一国际总委员会文献 1864～1867）》，中央编译出版社，2011，第 183～184 页。

送、发放呼吁书的形式，号召英国委员为代表大会筹集资金①。1865 年底，荣克②首先提出英国委员应该行动起来为代表大会筹款的想法，他还宣称："英国会员的安闲自在使他在伦敦和瑞士在自己的同胞中的努力也劳而无功。"③ 后来，克里默和福克斯每人均起草了一份呼吁书，后经广泛讨论和投票表决，以 6 票对 5 票（1 票弃权），选用了克里默的呼吁书。总委员会决定印刷并寄送给各分会，以便顺利分发到每个国际会员手中。在 1866 年 3 月 6 日的委员会会议上，福克斯提议决定印刷不少于 3000 份的呼吁书。这些呼吁书经小委员会提议得以寄出④，指派主席埃卡留斯负责此事。总委员会通过发放呼吁书的方式，为总委员会的活动提供了鼎力支持，协助总委员会落实宣传工作。

　　第五，筹集资金，增加总委员会宣传经费。无论是利用报刊宣传第一国际思想，通过多种渠道传播国际的纲领和章程，印发传单，发挥动员作用，还是发放呼吁书，支持总委员会活动，总委员会的宣传功能都离不开资金的支持，因此，总委员会在财政并不富裕的情况下，还特别争取一定数额的资金作为宣传费用。在 1865 年 6 月 20 日的中央委员会会议上，福克斯就提出"我们应该采取直接步骤以增加我们的宣传经费"⑤。1866 年 7 月 24 日中央委员会

---

① 此处特指为日内瓦代表大会筹集资金。

② 荣克·海尔曼（Jung Hermann，1830～1901），钟表匠，著名的国际工人运动和瑞士工人运动活动家。1864 年 11 月至 1872 年为国际总委员会委员、瑞士通讯书记，1871 年至 1872 年担任总委员会财务委员，1865 年伦敦代表会议副主席，1866 年日内瓦代表大会、1868 年布鲁塞尔代表大会、1869 年巴塞尔代表大会、1871 年伦敦代表会议主席，不列颠联合会委员会委员。国际海牙代表大会以前，执行马克思的路线，后来成为工联改良派的领袖之一。

③ 王学东主编《国际共产主义运动历史文献：第 5 卷（第一国际总委员会文献 1864～1867）》，中央编译出版社，2011，第 108 页。

④ 1866 年 4 月 3 日委员会会议上，常务委员会提议寄送呼吁书一事。

⑤ 王学东主编《国际共产主义运动历史文献：第 5 卷（第一国际总委员会文献 1864～1867）》，中央编译出版社，2011，第 71 页。

会议上，克里默就增加宣传经费问题提出建议，他说："加入协会的各团体应按该团体每个会员每年半便士向中央委员会缴费，作为宣传和行政的经费。"① 可见，总委员会将宣传工作视为其自身重要的工作范畴，努力为其争取资金，保障宣传功能的正常发挥。

2. 联络功能

总委员会发挥联络功能，扮演国际工人运动"联络人"的角色，需要总委员会与各机构和人员通力配合。不仅需要各国通讯书记发挥联络作用，总委员会的直属机构（国际支部）、附属机构（附属工人团体）也要通过致信或派代表参会的形式定期或不定期地与总委员会联络，汇报工作进展，及时上报工人运动中获取到的有价值情报。除此之外，支撑总委员会联络功能最为重要的途径是接待代表团代表、派送代表团及代表访问工人团体。在 1865 年中央委员会会议上，特别通过了小委员会提出的两项决议，鼓励总委员会委员们加强与工人组织和团体的联络，支持工人团体派遣代表出席第一国际的代表大会、代表会议，对往来联络给予一定数额的资金支持。决议规定"中央委员会每个委员都必须准备访问各个组织，促使它们加入协会，并承担代表大会的费用"②，"所有派代表参加代表大会的团体，都必须负责支付代表们的费用"③，其具体情况如下。

第一，接待代表团。总委员会接见、接待代表团的主要缘由有两个。其一，代表团出席第一国际代表大会、代表会议或总委员会

---

① 王学东主编《国际共产主义运动历史文献：第 5 卷（第一国际总委员会文献 1864～1867）》，中央编译出版社，2011，第 177 页。
② 王学东主编《国际共产主义运动历史文献：第 5 卷（第一国际总委员会文献 1864～1867）》，中央编译出版社，2011，第 144 页。
③ 王学东主编《国际共产主义运动历史文献：第 5 卷（第一国际总委员会文献 1864～1867）》，中央编译出版社，2011，第 144 页。

的例会。例如，在 1865 年 1 月 24 日的中央委员会会议上，马克思宣读了柏林排字工人协会和全德工人联合会的来信①，信中说道，他们完全接受第一国际的原则，但是由于受到普鲁士警察统治的干涉和联合会内部拉萨尔派中宗派主义的影响，他们暂时不能加入国际成为会员，但他们答应派代表团出席国际代表大会。其二，代表团前来寻求总委员会的支持和帮助。在 1866 年 10 月 9 日的委员会会议上，瑞琴特街暖房街 32 号理发师争取早打烊协会派来的代表团向总委员会报告他们争取星期六下午早打烊斗争的情况，几家中等规模的店主从巴黎雇人以顶替参与罢工的理发师们，代表团特此恳请得到委员会利用第一国际在巴黎的影响予以支持和帮助，以挫败理发店老板们的罪恶计划。代表团们的发言，立即得到了卡特②、劳伦斯、马克思的响应并建议委员会尽最大努力协助他们活动。为此，总委员会于 1866 年 10 月 13 日《共和国》③ 上特别发表了《英国理发师争取早打烊协会致大陆同行工人兄弟的呼吁书》，该呼吁书上写道：“得到国际协会总委员会的批准，我们要求你们给我们以热诚支援。”④ 其后，又于 10 月 21 日《天民论坛报》⑤ 上发布通告，宣布伦敦理发师为缩短工时而展开罢工，第一国际总委员会提醒国外的工人们，要反对雇主们招募他们的图谋，在此刻工人们应该团结起来，联合行动，配合伦敦理发师们的罢工行动。

---

① 特指 1865 年 1 月 21 日威廉·李卜克内西给马克思的信（详见李卜克内西给伦敦代表会议的《关于德国工人运动的报告》）。

② 卡特·詹姆斯（Carter James），英国香料制造工，改革同盟盟员。1864 年 10 月至 1867 年担任国际总委员会委员，1866 年至 1867 年出任国际意大利通讯书记，国际伦敦代表会议（1865）、日内瓦代表大会（1866）、洛桑代表大会（1867）参加者。

③ 第 188 号刊上。

④ 王学东主编《国际共产主义运动历史文献：第 5 卷（第一国际总委员会文献 1864～1867）》，中央编译出版社，2011，第 548 页。

⑤ 第 42 号刊上。

第二，派遣代表团。第一国际刚刚成立不久，在 1864 年 11 月 29 日中央委员会会议上，就通过了（惠特洛克[①]提议、埃卡留斯[②]附议）提议，"书记同合众国公使[③]联系，要求他安排接见代表团的时间；这个代表团由中央委员会的委员组成"[④]。同年年底，在中央委员会会议[⑤]上，通过了呼吁亚当斯[⑥]先生接见总委员会代表团的决议。总委员会派遣代表团或代表出访的具体目的主要有以下几个。

一是解释第一国际的思想和原则，号召工人团体、组织及个人加入第一国际。在 1865 年 4 月 11 日的中央委员会会议上，总委员会就切尔西区木工协会、泥水匠协会的来信决定派遣代表团去访问两个协会，帮助他们了解第一国际，介绍第一国际的思想，解释第一国际的原则。在 1865 年 6 月 20 日的中央委员会会议上，荣克报告了他访问丝织工人协会的情况，还特别强调他将国际的原则介绍给了丝织工人们，号召他们加入国际。

二是出席工人团体代表会议、委员会会议。比如，在 1865 年 3 月 28 日中央委员会会议上，克里默就作为出席鞋匠协会代表会议

---

① 惠特洛克（Whitlock J.），英国工联主义者，国际成立大会参加者，1864 年至 1865 年任国际总委员会委员、总委员会财务书记，改革同盟盟员。

② 埃卡留斯·约翰·格奥尔格（Eccarius Johann Georg），1818 年出生，1889 年去世。职业为裁缝，后成为德国工人运动和国际工人运动的活动家，工人政论家。曾为正义者同盟盟员，后为共产主义者同盟盟员，伦敦德意志工人共产主义教育协会领导人之一，1864 年至 1872 年为国际总委员会委员，1867 年至 1871 年 5 月担任国际总委员会总书记，1870 年至 1872 年担任美国通讯书记，国际历次代表大会、代表会议的代表。1872 年以前支持马克思，1872 年海牙代表大会之后，转向为英国工联派，并成为其领袖、工联派活动家。

③ 此处特指亚当斯先生，美国驻英国公使（1861~1868）。

④ 王学东主编《国际共产主义运动历史文献：第 5 卷（第一国际总委员会文献 1864~1867）》，中央编译出版社，2011，第 20 页。

⑤ 特指 1864 年 12 月 20 日中央委员会会议。

⑥ 亚当斯·查理·弗兰西斯（Adams Charles Francis），1807 年出生，1886 年去世。美国外交家和政治家，共和党人，在 1861 年至 1868 年担任美国驻英国公使。

代表团代表向总委员会作了工作汇报，阐述了会议过程和内容，并报告了鞋匠协会愿意加入第一国际的良好态度。在 1866 年 4 月 17 日委员会会议上，韦斯顿和荣克就被指派参加在皮革巷举行的抹灰工人协会委员会会议。1866 年 7 月 17 日中央委员会会议上，各代表团作报告的环节，克里默和荣克汇报了访问箍桶匠互助会的结果，箍桶匠互助会召开了特别会议接待他们，许多箍桶匠互助会会员以发言的形式表达了对第一国际原则的拥护，决定以集体加入国际的行动表示拥护第一国际的诚意和决心，并向每个会员征收 1 先令用于支持总委员会筹备日内瓦代表大会。在 1866 年 7 月 24 日中央委员会会议上，贝里①向总委员会报告代表团的访问情况时，马车制造匠暂时没有开会，但将会议安排在了 8 月 8 日；荣克汇报了访问包装箱制造匠的结果，要求他转达需要总委员会委派代表团出席他们的代表举行的会议。

三是转达工人团体、工人组织需要总委员会答疑的具体问题。比如，1865 年 4 月 25 日，杜邦从巴黎访问回来，除了介绍了当时访问的情况（未能见到他希望见到的那么多会员），将理事会委托他转交给总委员会的 100 法郎②交给了财务委员之外，还受托带来了两个具体问题：其一，理事会派遣代表团与总委员会会面的费用承担方问题；其二，"大陆上的通讯员是否也是中央委员会委员，如果他们来伦敦，是否允许他们参加投票表决"③（会上就这两个问题都予以了答复并得到一致通过）。

四是调查总委员会与工人团体、组织交往中的具体情况。比

---

① 贝里·詹姆斯（Burry James），英国工联主义者，伦敦裁缝保障协会执行委员会委员，1866 年为国际总委员会委员。

② 据推断，可能是会费或者对国际的捐款。

③ 王学东主编《国际共产主义运动历史文献：第 5 卷（第一国际总委员会文献 1864 ~ 1867）》，中央编译出版社，2011，第 55 页。

如，在 1865 年 1 月 31 日中央委员会会议上，指派惠勒①和克里默访问总同盟委员会，调查、探询停止小委员会使用场地的具体原因。又如，在 1865 年 10 月 17 日，总委员会决定派遣德尔、奥哲尔、埃卡留斯组成代表团访问波兰同盟②，委派他们核实是否准备协同总委员会一起筹办纪念波兰 1830 年 11 月 29 日革命的示威。

五是洽谈交涉，努力为缩小联系成本而奔走。在 1866 年 9 月 18 日的中央委员会会议上，代表团代表们纷纷作报告叙述出访情况。他们③介绍了在离开日内瓦之后前往伯尔尼的行程，并说明了出访伯尔尼④（瑞士联邦政府所在地）的目的是减少国际邮资问题而进行洽谈。瑞士外交国务秘书和邮政总长接见了代表们，还引导代表们参观了联邦宫、博物馆和美术馆。后来，他们又与邮政总长会见了半小时，双方达成共识，瑞士政府表示与第一国际的意见相同，准备同任何政府达成协议。该协议规定，"每个国家应有自己的普通邮资率，中间传递应按包裹费半价收费"⑤。他们提出邮政改革的最大障碍是法国，法方不允许信件邮资总付，坚持按照地址和件数收费。由此，瑞士邮政总长提出，可以考虑将英国与瑞士之间的邮费每封信由 6 便士降低到 2.5 便士。此次访问的重要收获是协助总委员会逾越影响联络功能实现的现实因素——邮资问题，帮助总委员会在财政拮据的情况下，争取更多与工人团体交流、交往、

---

① 惠勒·乔治·威廉（Wheeler George William），英国工人活动家。国际成立大会参加者，1864 年至 1867 年为国际总委员会委员，又分别于 1864 年至 1865 年、1865 年至 1867 年担任总委员会财务委员，1865 年国际伦敦代表会议参加者，改革同盟执行委员会委员及土地和劳动同盟的成员。

② 指英国波兰独立全国同盟。

③ 此处指总委员会代表团英国代表。

④ 瑞士的首都，处于瑞士西半部领土中央偏北处，是瑞士仅次于苏黎世和日内瓦的第三大城市，同时它也是伯尔尼州的首府。

⑤ 王学东主编《国际共产主义运动历史文献：第 5 卷（第一国际总委员会文献 1864～1867）》，中央编译出版社，2011，第 193 页。

联络的机会。

（三）思想领导：支持巴黎公社革命

思想领导功能是总委员会的一项重要功能。思想领导功能不仅涵盖了思想动员功能，同时也包括思想凝练功能、思想实践功能等。总委员会作为第一国际代表大会闭会期间的领导中心，努力将自己建设成为"沟通各种互助合作的团体之间的联系的国际机关"①。总委员会积极发挥思想领导功能，其中最为典型的范例是支持巴黎公社革命。

巴黎公社是 1871 年 3 月 18 日国民自卫军起义胜利而建立起来的无产阶级政权，是法国无产阶级推翻资产阶级统治、建立无产阶级政权的第一次伟大尝试，"公社仍不失为 19 世纪最伟大的无产阶级运动的最伟大的典范"②。巴黎公社革命在 19 世纪 60 年代法国阶级矛盾和民族矛盾日益尖锐的背景之下爆发，当时法国国内的劳资矛盾以及无产阶级的准备程度并没有达到足以爆发社会主义革命、建立无产阶级政权的程度，普法战争的爆发是导致巴黎公社革命的直接原因。第一国际总委员会在巴黎工人们进行无产阶级革命斗争中发挥了重要的思想领导功能，在思想上积极指导和支持巴黎无产阶级的英勇行动。

总委员会对巴黎公社革命思想领导的直接思想来源有两个。

其一，《成立宣言》和《临时章程》。这两份历史性文件提出了无产阶级的历史使命，即第一国际的根本精神——"工人阶级的解放应该由工人阶级自己去争取"③；指明了无产阶级斗争的目标，

---

① 王学东主编《国际共产主义运动历史文献：第 5 卷（第一国际总委员会文献 1864 ~ 1867）》，中央编译出版社，2011，第 394 页。

② 《列宁全集》（第 16 卷），人民出版社，2017，第 436 页。

③ 王学东主编《国际共产主义运动历史文献：第 5 卷（第一国际总委员会文献 1864 ~ 1867）》，中央编译出版社，2011，第 393 页。

"工人阶级的解放斗争，不是要争取阶级特权和垄断权，而是要争取平等的权利和义务，并消灭任何阶级统治"①；阐述了无产阶级解放的根本途径，离不开经济解放，"工人阶级的经济解放是一切政治运动都应该作为手段服从于它的伟大目标"②，表明无产阶级要彻底解放必须消灭现存制度的经济基础。《成立宣言》和《临时章程》还特别强调劳动解放不是地方问题，不是民族问题，而是具有国际性的问题，工人阶级要实现彻底的解放必须加强团结和合作，号召全世界无产者联合起来。《成立宣言》和《临时章程》是总委员会对巴黎公社革命发挥思想领导功能的主要思想来源，诠释了第一国际的基本原则和基本精神，激发了法国人民的革命热情，提高了工人们的思想觉悟，为法国无产阶级的解放提供了重要的思想基础。

其二，《国际工人协会总委员会关于普法战争的第一篇宣言》（以下简称《第一篇宣言》）和《国际工人协会总委员会关于普法战争的第二篇宣言》（以下简称《第二篇宣言》）。在1870年7月26日总委员会会议上一致批准和通过了《第一篇宣言》。《第一篇宣言》特别指出了巴黎人民渴望和平、劳动和自由的态度，号召他们树立反对战争的明确立场。《第一篇宣言》帮助德法两国人民认清普法战争的元凶是普法两国统治阶级，而不是法国人民，"战争不是法国人民而是帝国发动的，俾斯麦实质上是和波拿巴一样有罪的。同时总委员会号召德国工人不要让普鲁士政府把防御战争变为征服战争"③。在揭露法兰西第二帝国的丑恶面目和罪恶历史的同时，提醒德国工人要防止普鲁士政府将防御性战争转变为侵略性战

---

① 王学东主编《国际共产主义运动历史文献：第5卷（第一国际总委员会文献1864～1867）》，中央编译出版社，2011，第393页。

② 王学东主编《国际共产主义运动历史文献：第5卷（第一国际总委员会文献1864～1867）》，中央编译出版社，2011，第393页。

③ 《马克思恩格斯全集》（第33卷），人民出版社，1973，第279页。

争，警告德国人民要反对普鲁士与沙俄的结盟，反对侵略扩张和掠夺。总委员会通过《第一篇宣言》的精神内容，在思想上帮助无产阶级逐步树立有权争取、决定战争与和平问题的意识，从思想上领导他们努力成为"自己命运的主人"，为法国巴黎工人和劳动群众发动起义，推翻对内镇压民众、对外投降卖国的资产阶级政府，成立巴黎公社等一系列的革命活动奠定了重要的思想基础。1870 年 9 月 6 日至 9 日在总委员会会议上一致批准和通过了《第二篇宣言》。根据普法战争的形势、进程和结局，证实了总委员会关于普法战争的《第一篇宣言》作出的两个预见的正确性。第一，正如在《第一篇宣言》中所描述的那样："第二帝国的丧钟已经在巴黎敲响了。它以一场模仿丑剧开始，仍将以一场模仿丑剧告终。"① 《第一篇宣言》对第二帝国的生命力没有判断失误，波拿巴主义的肥皂泡的确已经成为过去的事情了。第二，自色当失陷，巴黎爆发革命后，对于普鲁士来说战争由单纯的防御性质蜕变为反对法国人民的侵略战争。

　　总委员会通过《成立宣言》的思想帮助无产阶级认清资产阶级政府的真实面目，坚定无产阶级在对外政策以及战争与和平问题上的国际主义立场，告诫工人们不要对资本主义政府抱有幻想，提醒他们不能忘却自己的职责，要增强无产阶级国际主义大联合、大团结的积极性，鼓舞巴黎工人利用一切机会来发展独立的法国无产阶级运动，将无产阶级斗争进行到底，为国际工人运动指明了正确的方向。

　　第一国际总委员会在巴黎工人们进行无产阶级革命斗争中发挥

---

① 王学东主编《国际共产主义运动历史文献：第 7 卷（第一国际总委员会文献 1870 ~ 1871）》，中央编译出版社，2011，第 357 页。

了重要的思想领导功能。在巴黎公社革命前，总委员会的纲领和章程为巴黎公社革命奠定了一定的思想基础；在革命过程中，总委员会通过召开会议等多种方式密切关注着革命动态并为其出谋划策；革命失败后，总委员会及时发布《法兰西内战》宣言，与造谣中伤第一国际、诽谤巴黎公社的谎言制造者展开积极的论战。具体工作主要体现在以下四个方面。

第一，总委员会通过多种途径密切关注战争动态，帮助巴黎无产阶级及时对形势做出判断。除了通过总委员会派往巴黎的塞拉叶洞悉巴黎的具体情况之外，马克思还通过与一位德国商人保持联系，及时了解巴黎的动态。马克思曾说："我与公社的联系是通过一位德国商人保持的，这位商人一年到头都往来于巴黎和伦敦之间做买卖。所有的事情都由口头转达，只有两次例外。"[①] 另外，总委员会还通过相关报刊报道、电讯掌握革命情况。总委员会在思想上领导巴黎公社革命最为主要的途径是通过召开总委员会会议讨论巴黎公社革命的相关问题。1871 年 3 月 18 日，巴黎公社国民自卫军起义胜利后，总委员会专门召开多次会议研究巴黎起义问题。在 3 月 21 日总委员会会议上，恩格斯叙述了当时巴黎的具体情况。马克思也在会议上呼吁要对巴黎的运动表示同情。在 4 月 11 日总委员会会议上，恩格斯说："不能不谈谈巴黎的形势。在国民自卫军中央委员会领导的时候，事情进行得很好，而在选举以后却是只讲不做了。"[②] 并特别指出："情况是困难的，时机已经不像两星期以前那样好了。"[③] 在 5 月 23 日总委员会会议上，马克思谈到了

① 《马克思恩格斯文集》（第 10 卷），人民出版社，2009，第 358 页。
② 王学东主编《国际共产主义运动历史文献：第 7 卷（第一国际总委员会文献 1870～1871）》，中央编译出版社，2011，第 196 页。
③ 王学东主编《国际共产主义运动历史文献：第 7 卷（第一国际总委员会文献 1870～1871）》，中央编译出版社，2011，第 196 页。

巴黎的斗争问题，"他担心结局快要到来了；但是即使公社被搞垮了，斗争也只是延期而已。公社的原则是永存的，是消灭不了的；在工人阶级得到解放以前，这些原则将一再表现出来"①。总委员会会议上的分析和讨论，为巴黎人民做出正确的判断和决策提供了重要参考。

第二，发布《法兰西内战》，在思想上声援巴黎公社革命。在1871年3月28日总委员会会议上，马克思提议发表一篇告巴黎人民书。会议上得到了一致通过，并"建议由马克思起草这篇告巴黎人民书"②。在4月18日总委员会会议上，马克思说："在目前情况下，唯一可做的事，就是斗争的总的趋势发表告国际全体会员的宣言。"③ 在4月25日的总委员会会议上，通报宣言预计在下次会议召开前拟好。但是由于马克思身体状况欠佳，在一定程度上延误了宣言的进度。直至5月30日的总委员会会议上，马克思宣读了关于巴黎公社的宣言并得到了一致通过。6月13日，总委员会会议上一致同意将巴黎公社的宣言——《法兰西内战》予以发表。《法兰西内战》的发表，不仅在欧洲引起了强烈反响，对整个世界都产生了重要影响。正如恩格斯所说："自伦敦有史以来，还没有一件公诸于世的文献像国际总委员会的宣言那样产生如此强烈的影响。"④《法兰西内战》是总委员会思想领导巴黎公社革命重要的思想结晶、理论成果，对当时的巴黎公社革命运动和后来的国际工人运动都产生了深远的指导意义。

---

① 王学东主编《国际共产主义运动历史文献：第7卷（第一国际总委员会文献1870～1871）》，中央编译出版社，2011，第221页。

② 王学东主编《国际共产主义运动历史文献：第7卷（第一国际总委员会文献1870～1871）》，中央编译出版社，2011，第191页。

③ 王学东主编《国际共产主义运动历史文献：第7卷（第一国际总委员会文献1870～1871）》，中央编译出版社，2011，第201页。

④ 《马克思恩格斯全集》（第17卷），人民出版社，1963，第408页。

　　第三，为巴黎公社应采取的措施出谋划策。在1871年4月25日总委员会会议上，马克思详细地评价了巴黎的局势和公社的措施。马克思在会上提出如下决议："鉴于国际工人协会的每一个法国会员无疑地应该站在巴黎公社一边，而不应该留在篡夺权力的反革命的凡尔赛议会中，——国际工人协会总委员会批准巴黎联合会委员会的决议，并宣布将公民托伦开除出国际工人协会。"① 总委员会批准巴黎联合会委员会提出的将公民托伦开除出国际的决议，充分体现了总委员会对正在同凡尔赛反动派浴血奋战的巴黎无产阶级正义事业的支持。马克思还向一位公社代表指出："既不给我们写信，也不给我们寄报纸，这是很大的错误。"② 马克思还评价了公社的举措并提出了相关建议，他说："关于房租和商业期票的法令，真是绝妙的措施，如果不颁布这些法令，四分之三的商人和手工业者就要破产。"③ 总委员会积极为巴黎公社出谋划策，虽然由于种种原因并没有得到公社的全部采纳，但是通过公社所推行的诸多措施来看，总委员会提出的这些意见、建议和主张还是很有影响的。

　　第四，与诽谤巴黎公社的言论展开论战。巴黎的无产阶级为公社的正义事业浴血奋战，却一直遭到资产阶级报刊的诽谤和诬蔑；总委员会全身心地致力于声援巴黎公社革命的实践活动中，也遭到反动政府的恶毒攻击。为此，第一国际总委员会同诽谤巴黎公社的言论展开了激烈的论战，以保证引导舆论的正确方向。

　　革命失败的结果是综合所致，但最为致命的弱点应是缺少无产

---

① 王学东主编《国际共产主义运动历史文献：第7卷（第一国际总委员会文献1870～1871）》，中央编译出版社，2011，第205页。

② 王学东主编《国际共产主义运动历史文献：第7卷（第一国际总委员会文献1870～1871）》，中央编译出版社，2011，第205页。

③ 王学东主编《国际共产主义运动历史文献：第7卷（第一国际总委员会文献1870～1871）》，中央编译出版社，2011，第206页。

阶级政党的集中、统一领导，没能树立坚强的领导核心，使得政权建立后出现了严重的无政府主义倾向，革命部队内部摩擦、冲突频繁，军事指挥涣散、行政运作紊乱后来造成了武装斗争的失败。但我们必须承认的是，虽然巴黎公社革命最终失败了，但这并不能否定总委员会为巴黎公社革命发挥的重要的思想领导功能。可以说，1871 年的巴黎公社不仅是法国革命传统的继承者，而且也是第一个国际工人阶级政党性的国际组织——第一国际思想领导的重要产物。另外，在巴黎激烈的搏斗中，在第一国际的号召和呼吁下，许多先进分子、社会主义者自愿参与了巴黎的战斗，共同为无产阶级的事业而战。陆续有数百名外国志愿者前往巴黎参加战斗，支持巴黎公社的正义事业，其中最为著名的有波兰民族独立运动领导人列瓦里·符卢勃列夫斯基（1836~1908）及其战友雅罗斯拉夫·东布洛夫斯基（1836~1871）、俄国女革命家伊丽莎白·德米特利耶娃（1851~约 1910）等。这些坚持捍卫巴黎公社正义事业的光辉事迹表明，"要使工人阶级自己认识到 1848 年六月起义是它自己的先进战士的事业，曾经需要很长的岁月。而巴黎公社却立即受到了整个国际无产阶级欢欣鼓舞的声援"①。

---

① 《马克思恩格斯全集》（第 18 卷），人民出版社，1964，第 152 页。

第五章
第一国际总委员会的历史功绩、
组织经验与启示

第一国际总委员会作为第一国际代表大会闭会期间的领导中心，一直致力于领导、主持第一国际的各项大小事务。第一国际存在了 12 年（1864～1876），总委员会也领导了第一国际 12 年。在这期间，总委员会不断探索和发展，在集聚思想、组织、运动等多方面经验的基础上，构建了由常设机构（常务委员会）、直属机构（国际支部）、附属机构（附属团体）和宣传机构（国际机关报）共同组成的互动发展的立体模式。总委员会在第一国际内部扮演着领导者、决策者、仲裁者、利益表达者等多重角色，它始终领导第一国际的关键不单单在于权力的行使，更在于它能够有效地利用组织功能（思想领导功能、社会动员功能、宣传联络功能），形成会议机制与委员机制相结合、民主协商机制与民主表决机制相结合、集体领导机制与个人分工负责机制相结合三位一体的有效运作机制，推动无产阶级在全世界范围内的广泛联合。在总委员会的领导下，第一国际的范围覆盖了欧、美、非三大洲 18 个国家，其中遍及 14 个欧洲国家（英国、法国、德国、意大利、西班牙、葡萄牙、荷兰、比利时、瑞士、奥地利、波兰、匈牙利、俄国、丹麦）、3

个美洲国家（美国、阿根廷和墨西哥）和 1 个非洲国家（阿尔及利亚）。第一国际总委员会从静态的组织设置到动态的运行机制都给我们留下了丰厚的历史功绩和经验启示。

一　历史功绩

（一）传播科学社会主义

福斯特在《三个国际的历史》中这样说道："总委员会（即马克思领导的）伟大的成就是在理论与政策方面。"[①] 传播科学社会主义理论，是第一国际总委员会的重要历史功绩之一。1848 年 2 月 24 日由马克思执笔完成并出版的《共产党宣言》，标志着科学社会主义的正式诞生。科学社会主义将世界社会主义运动转变成了真正意义上的群众性社会运动。它强调社会变革，强调最广泛的无产阶级群众才是革命的主力，强调只有掌握群众才能掌握物质力量。在 1864 年 9 月 28 日第一国际的成立大会上选出了临时中央委员会，此时的科学社会主义还是众多社会主义流派之一，未被广大的无产阶级群众所接受，很多国家的工人、工人团体对科学社会主义思想根本不曾了解，甚至毫无所知。总委员会作为国际代表大会闭会期间的领导中心，连带其常设机构（小委员会）、直属机构（国际支部）、附属机构（附属团体）、宣传机构（国际机关报）在工人运动的实践过程中直接推动了科学社会主义的传播。总委员会自身的宣传联络功能直接助推科学社会主义的广泛传播。总委员会传播科学社会主义是层级式的逐层渗透和传播，主要有三个层面（见图 5 - 1）。

---

① 〔美〕福斯特：《三个国际的历史》，李潞译，人民出版社，1959，第 97 页。

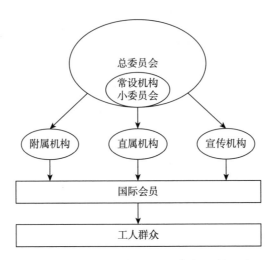

图 5 - 1　总委员会传播科学社会主义的三个层面

第一，总委员会组织内部层面传播科学社会主义。这里的组织内部层面，包括总委员会的常设机构——小委员会。总委员会组织内部层面传播科学社会主义，就不得不提到马克思。马克思被公认为第一国际思想的"灵魂""创始人""领袖""缔造者"，与此同时，他也是推动科学社会主义在总委员会内部传播的主力。这些殊荣的取得，离不开马克思出色地完成国际重要文件的起草工作，特别是完成《国际工人协会成立宣言》和《临时章程》的起草任务，这些章程文件规定了第一国际领导国际工人运动的纲领、政策和路线，为国际工人运动和无产阶级解放事业指明了前进的方向，在一定程度上可以称为科学社会主义在国际工人协会内部传播的重要思想源泉。《国际工人协会成立宣言》和《临时章程》是总委员会发挥宣传联络功能、传播科学社会主义最常使用的文件。为了团结第一国际内部的各个派别，通篇没有使用"共产主义""共产党"这样较为敏感的词语，也没有明确提出无产阶级要建立无产阶级性质的政党并在它的领导下通过阶级斗争的方式推翻资产阶级统治，建立无产阶级政权，消灭私有制、建立公有制的鲜明主张；而是使用温和、委婉、含蓄的语言阐述了《共产党宣言》的基本思想，引导广大无产阶级深刻认识到自己的阶级使命，鼓励无产阶级应该团结起来为了自身的解放事业而不懈奋斗，呼喊起"全世界无产者，联合起来！"的战略性口号。另外，马克思作为总委员会委员、常务委员会的委员，积极参加总委员会的会议（先前称为"临时中央委员会会议"，后称为"中央委员会会议"，1866 年 9 月起又改称为"总委员会会议"）。在会上，就总委员会提出的各项提案、决议，他都积极参与讨论并提出有益的建议；就总委员会提出的共同商讨的重要问题，他清晰阐明应采取的正确方针和策略。马克思作为第一国际总委员会内部传播科学社会主义的主帅，为争取总委员会内部大多数的团结作出了杰出贡献，直接推动了科学社会主义在总委员会内部的广泛传播。

第二，总委员会组织机构层面传播科学社会主义。除了总委员会组织内部之外，总委员会的直属机构、附属机构和宣传机构也都致力于尽可能地扩大第一国际的影响，传播科学社会主义。总委员会的直属机构（国际支部）在各国工人运动的实践中，一直接受着总委员会的思想领导，是助力科学社会主义传播的重要媒介。工人组织、工人团体要加入国际成为总委员会的附属团体，需要满足的一项基本条件就是接受第一国际的思想，拥护第一国际的原则。工人组织、工人团体在加入第一国际之前，其领导人会事先向自己组织内部的会员、成员介绍第一国际大致的政策和方针。加入第一国际之后，会员们会通过总委员会寄送的《宣言》和《章程》、传单及呼吁书，进一步深入了解第一国际的思想，理解第一国际成立的目的。工人会员们通过总委员会传播的这些思想，逐步认识到资产阶级利益与无产阶级利益的根本对立，深刻领悟到无产阶级国际主义团结和联合的重要意义。总委员会的宣传机构——国际的机关报（《蜂房报》《矿工和工人辩护士报》《东邮报》）不仅刊登国际的纲领和章程，还及时发布总委员会支持各国工人运动、声援各国民族运动、积极参加群众性民主运动的进展和结果，也会报道总委员会会议、国际代表大会、代表会议的召开情况。虽然总委员会从未完全掌握过任何一个机关报，甚至也经常出现有关第一国际的报道被扭曲歪曲的现象，但是不能否认，总委员会的宣传机构——第一国际的机关报是协助总委员会传播科学社会主义的重要使者，是推动科学社会主义传播的重要力量。

第三，会员层面传播科学社会主义。第一国际会员是第一国际的基本组成单位，他们从属于其所在的团体或支部。第一国际的每个会员都有被选举的权利，每个会员由一国迁到另一国，都会受到该国第一国际会员们兄弟般的帮助和照顾。除了会员与会员之间的团结、联合和交流之外，他们也会向彼此能接触到的工人兄弟、社会上的先进分子传播第一国际的思想和原则，欢迎他们加入第一国际。在总委员会的领导下，依据逐级递推的原则，国际会员作为第一国际的基本组成部分，是致力于传播科学社会主义思想的基层力量。国际会员们既会努力传播"工人阶级的解放应该由工人阶级自己去争取"[1]的思想，还会告知身边的工人兄弟之前工人运动失败的重要原因是各国工人阶级缺乏紧密的团结和联系，工人阶级的解放不单单是争取经济斗争还包括政治斗争，更会宣传"夺取政权已成为工人阶级的伟大使命"的科学社会主义思想。国际会员作为第一国际的个体，他们在总委员会的领导下，不断提高自己的阶级觉

---

[1]　王学东主编《国际共产主义运动历史文献：第5卷（第一国际总委员会文献1864~1867)》，中央编译出版社，2011，第458页。

悟，增强团结起来拯救自己的斗争意识，在第一国际中不断成长。国际会员作为第一国际传播科学社会主义的基层群体，已然成为连接工人群众与第一国际之间的桥梁和纽带。

（二）团结各国无产阶级

第一国际建立之前，欧洲的工人运动处于自发萌芽阶段，发展水平很低。广大无产阶级的思想受到各种小资产阶级社会主义流派的影响，政治上跟着资产阶级激进派走，没有统一、独立的领导力量。科学社会主义只在很小范围内的先进分子中传播，各种非无产阶级的社会主义在工人群众中处于主导地位。正如恩格斯所说："在 1864 年，运动本身的理论性质在整个欧洲，即在群众中间，实际上还是很模糊的，德国共产主义还没有作为工人政党而存在。"[1] 在一定程度上，水平较低的国际工人运动，迫切需要无产阶级的国际联合和国际团结，需要建立联合的工人组织领导、指挥工人运动，这也是国际成立的一个重要前提。另外，过去工人运动失败的重要原因也是由于工人之间缺乏兄弟般的联合。《国际工人协会的共同章程和组织条例》中明确指出："为了达到这个伟大目标所做的一切努力之所以至今没有收到效果，是由于每个国家里各个不同劳动部门的工人彼此间不够团结，由于各国工人阶级彼此间缺乏亲密的联合。"[2] 为此，特别提出："目前欧洲各个最发达的工业国工人阶级运动的新高涨，在鼓起新的希望的同时，也郑重地警告不要重犯过去的错误，要求立刻把各个仍然分散的运动联合起来。"[3]

团结是指为了一个共同的目标、目的聚集在一起而共同努力。

---

[1]　《马克思恩格斯选集》（第 4 卷），人民出版社，2012，第 515 页。

[2]　王学东主编《国际共产主义运动历史文献：第 7 卷（第一国际总委员会文献 1870~1871）》，中央编译出版社，2011，第 457 页。

[3]　王学东主编《国际共产主义运动历史文献：第 7 卷（第一国际总委员会文献 1870~1871）》，中央编译出版社，2011，第 457 页。

团结起来也意味着联络起来、联合起来。第一国际建立的目的是要成为追求无产阶级利益、促进无产阶级发展、实现无产阶级彻底解放的工人团体的联络和合作中心。总委员会是要成为追求无产阶级利益、促进无产阶级发展、实现无产阶级彻底解放的工人团体沟通、联络的国际机关。总委员会与广大无产阶级紧密团结，建立联络关系的重要支撑点即双方存在着共同的目标和共同的利益点：争取平等的权利和义务，并消灭任何阶级统治，实现无产阶级彻底的解放。

团结各国无产阶级是总委员会组织运作的重要影响之一，也是总委员会的重要历史功绩之一。总委员会主要通过组织和活动两个方面的努力充分发挥重要影响。

其一，组织方面。总委员会在其常设机构（常务委员会）和宣传机构（国际机关报）组织活动的基础之上，构建了"支部带动联合"和"团体带动联络"的团结模式。常务委员会作为总委员会的执行机构起草国际的重要文件，除了国际的纲领和章程之外，还包括很多为争取工人利益起草的呼吁书和传单；在制定代表大会、代表会议的议程草案时，也会选取直接关系工人利益的议题，比如，资本家使用机器的后果、工人阶级的全面教育、缩短工作日、关于妇女儿童的劳动等。总委员会的宣传机构——国际机关报，除了刊登总委员会会议的重要议题，还刊登过《英国理发师争取早打烊协会致大陆同行工人兄弟的呼吁书》《致瑞士人呼吁书》等，这些报道都直接关系无产阶级的切身利益。

"支部带动联合"模式：总委员会充分利用其直属机构——国际支部的职能，努力与无产阶级建立联合行动的关系。"支部带动联合"的团结模式，团结广大无产阶级的具体表现主要有以下两个方面。一方面，国际支部接受工人们的援助请求并予以支援。比如，1866 年 5 月 22 日中央委员会会议上，荣克宣读了日内瓦的来信，信中特别提到，由于工资下降，但日常生活成本增加，在房租、各种生活必需品价格均上涨的情况下，日内瓦制靴工人决定为增加工资与制靴雇主进行抗争，提出工资定额的要求，他们希望国际日内瓦支部将此事告诉其他国家的工人并予以支持。[①] 后面提到了日内瓦支部已经将制靴工人为增加工资与雇主抗争的运动告知了巴黎、里昂、瑞士和德国的工人并予以声援。又如，1868 年 1 月 21 日的委员会会议上，宣读了日内瓦的来信，信中的主要内容就是为雕刻匠和珠宝盒工人的罢工请求帮助。另一方面，支部对损害广大工人群众利益的行为表示抗议。比如，1868 年 2 月 18 日委员会会议记录的通讯部分特别显示，比利时政府缺少 2000 多名士兵和需要几百万战争拨款，比利时的支部立即提出抗议，表示反对政府征兵和增加军费的行为。

"团体带动联络"的团结模式：总委员会充分利用其附属机构——加入国际的工人团体的职能，努力与无产阶级建立联络合作关系。"团体带动联络"的团结模式，拉近各国工人群众之间距离的具体表现有以下两个方面。一方面，总委员会附属团体本身就带有团结功能。较为典型的事例是，1868 年 6 月 2 日总委员会会议上，贝松宣布，在沙勒罗瓦[②]的 8000 名矿工加入了国际。沙勒罗瓦的 8000 名矿工作为总委员会的附属团体，矿工们作为其中一员，都极其渴望了解第一国际的信息和情况。比利时的报纸刊登了致矿工的公开信[③]，在矿区卖出了成千上万份。由此可以看出，团体本

---

① 关于日内瓦制靴工人罢工的报道刊登于 1866 年 5 月 27 日《未来呼声报》第 21 号和 6 月 10 日的《国际工人协会报》第 7 号。

② 比利时南部城市，位于桑布尔河畔，其附近产煤炭。

③ 具体是指布鲁塞尔支部致沙勒罗瓦煤田工人、比利时工人和各国工人的公开信。

身就是团结的产物，以团体的身份加入国际，会为实现共同目标而更为紧密地联合在一起，增强工人彼此间的凝聚力量和联合意识。另一方面，附属团体作为调查对象，影响代表大会议题的设计。比如，在 1868 年 1 月 28 日委员会会议上，在各代表团所作的报告中特别提到，总委员会以传单信的方式将一些有关当地工人的调查问题寄送给了国际附属团体，这些问题主要包括各个工人团体中组织信贷和交换合作制的实际可能性问题、罢工政策、采用机器对贫苦劳动者的状况有什么影响等。总委员会根据各个工人团体反馈回来的答案，设计预计在 1868 年 9 月召开的布鲁塞尔代表大会的议程。附属团体作为调查对象接受调研，调研的结果直接影响代表大会议题的设定，这种做法使得团体中的工人们愈发意识到自身的地位和价值，他们深刻地认识到为了自身的利益应该有所作为、应该联合行动。在这一过程中，无产阶级的觉悟提高了，无产阶级的团结程度也加强了。

其二，活动方面。在总委员会的实践活动中，无论是支持各国工人罢工运动，声援被压迫民族的解放斗争，参加群众性的民主运动，还是捍卫巴黎公社革命的正义事业，总委员会都一如既往地发挥社会动员、宣传联络、思想领导功能，给予欧洲大陆的工人们精神和物质两方面的支援。精神方面：总委员会组织发表文章，宣传国际在重要问题上的观点和看法，授权常务委员会（小委员会）起草声援工人运动和民族、民主运动的重要文件，动员国际力量予以支持和帮助，组织发表呼吁书进行国际主义声援和呐喊，在报刊上发布各国工人运动的情况和进展推动工人运动发展。物质方面：主要以开展募捐、捐款的方式支援工人们广泛运动。

无论是组织层面还是活动层面，无论是精神层面还是物质层面，总委员会为广大工人群众争取自身利益，实现无产阶级的彻底解放所做出的种种努力，在一定程度上，拉近了各国工人之间的距离，促进了无产阶级更紧密的团结。总委员会的领导依靠实际作为，将较为细小和分散的工人团体、工人组织联络起来，结成亲密合作的永久联盟，以国际支部和国际附属团体为支点，在工人与工人之间建立广泛的联络和联系，真正意义上促进了整个无产阶级在世界范围内的广泛团结和联合。

（三）推动各国无产阶级政党的建立

列宁曾这样评价第一国际，"第一国际（1864～1872年）奠定了工人国际组织的基础，使工人做好向资本进行革命进攻的准备"①，"为国际无产阶级争取社会主义的斗争奠定了基础"②。同样，总委员会领导第一国际的各项活动，指导第一国际的各项工作，在思想、组织、职能三个方面也推动了各国无产阶级政党的建立。

第一，思想方面。总委员会任命小委员会制定《国际工人协会成立宣言》和《临时章程》，这两份重要的历史文件是国际的纲领和策略，确定了当时无产阶级运动的基本路线，引导广大无产阶级意识到改变当前的生产和生活状态的根本途径是"夺取政权"；鼓励工人们行动起来，告知他们可以夺取成功的重要原因是他们人数众多；之前工人们起来反抗大多以失败收场的重要原因是"忽视在各国工人间应当存在的兄弟团结"③；指出要取得成功离不开政党的正确领导，"英国、德国、意大利和法国都同时活跃起来了，并且同时都在努力从政治上改组工人政党"④，单靠无产阶级自发的行动

① 《列宁选集》（第3卷），人民出版社，2012，第790页。
② 《列宁选集》（第3卷），人民出版社，2012，第791页。
③ 《马克思恩格斯文集》（第3卷），人民出版社，2009，第14页。
④ 王学东主编《国际共产主义运动历史文献：第5卷（第一国际总委员会文献1864～1867）》，中央编译出版社，2011，第391页。

难以取胜；要取得胜利在需要自发行动的同时也需要国际联合行动。《成立宣言》和《临时章程》在思想方面推动了各国无产阶级政党的建立。

第二，组织方面。总委员会为建立无产阶级政党奠定的组织基础主要包括三个部分。其一，组织原则基础。总委员会的组织原则是民主制。通过总委员会的会议记录就可以清晰地看出总委员会确确实实是一个高度民主的领导机关，其主要表现如下。首先，产生方式。在第一国际成立大会上通过选举选出了总委员会，充分体现了民主制原则。其次，人员构成。《国际工人协会章程和组织条例》明确规定，总委员会由国际内部各国的工人代表组成。最后，运行机制。总委员会构建了会议机制与委员机制相结合、民主协商机制与民主表决机制相结合、集体领导机制与个人分工负责机制相结合的运行机制。在整个组织运作系统之中，不是一个人说了算，没有专断和独裁，每位总委员会委员都享有被选举权，拥有平等的表达自己的观点和想法的权利，也都有平等的投票权（每人一票），这充分体现了民主制的组织原则。当然，正常的民主包含必要的集中，总委员会内部领导人、负责人员的选举是以选举制为主、以任命制为辅。民主制的发展经历了一个由不完善到逐步完善的过程，总委员会的组织原则为后来"民主制"的进一步发展和完善提供了一个可供参考和借鉴的蓝本和雏形。无产阶级政党内部关系的本质就是民主与平等的关系，民主性也是政党的主要特征。因此，总委员会的民主制为各国建立无产阶级政党奠定了重要的组织原则基础。其二，组织运行基础。总委员会也将无产阶级的广泛团结作为组织运行的重要基础。国际的纲领和章程中多次提出团结的重要性，提醒无产阶级"忽视那应该鼓励他们在解放斗争中坚定地并肩作战的兄弟团结，就会使他们受到惩罚，——使他们分散的努力遭到共同的失败"①，"为达到这个伟大目标所做的一切努力至今没有收到效果，是由于每个国家里各个不同劳动部门的工人彼此间不够团结，由于各国工人阶级彼此间缺乏亲密的联合"②。总委员会从组织层面、活动层面、精神层面、物质层面均采取了很多办法，加强各国无产阶级之间的联系，构建了"支部带动联合"和"团体带动联络"的团结模式，收到了良好的效果，为各国建立无产阶级政党奠定了重要的组织运行基础。其三，组织干部基础。在总委员会的日常活动中，培养了一大批优秀的先进分子和国际工人运动领袖，这也为后来无产阶级政党的建立储备了干部基础。

第三，职能方面。总委员会领导国际、决定国际内部的重大事务，是整个无产阶级利益的代言人，是沟通联络各个工人组织、工人团体的国际机关。总委员会在声援欧洲各国工人争取工人权益的罢工运动、引导英国工人阶级参加第二次选举法改革运动、支持美国北方人民反对南方奴隶主的正义斗争的过程中，建立了由经济动员、政治动员和人权动员共同构成的社会动员体系；在支持巴黎公社革命的过程中，充分发挥思想领导功能，实现了世界无产阶级革命进程中首次武装夺取政权胜利的壮举，并建立了世界上首个无产阶级政权——工人革命政府；总委员会在平日里也不会忽视宣传工作，以接待和派遣代表团为主要途径充分发挥联络功能。总委员会的社会动员功能承载着组织动员职能、宣传联络功能，承载着桥梁纽带职能、思想领导功能、价值导向职能。组织动员、桥梁纽带、

① 王学东主编《国际共产主义运动历史文献：第 5 卷（第一国际总委员会文献 1864 ~ 1867）》，中央编译出版社，2011，第 391 页。

② 王学东主编《国际共产主义运动历史文献：第 5 卷（第一国际总委员会文献 1864 ~ 1867）》，中央编译出版社，2011，第 393 页。

价值导向是无产阶级政党职能的重要组成部分，同时也进一步丰富和发展了无产阶级政党政治的重要内容。在总委员会常设机构、直属机构、附属机构、宣传机构的鼎力协助和通力配合下，总委员会从职能方面推动无产阶级政党的建立，也为后来建立的无产阶级政党提供了重要参考。

总委员会的委员、（总委员会常设机构）常务委员会的委员、（总委员会直属机构）国际支部内部的会员、（总委员会附属机构）国际团体内部的会员，都是第一国际组织的追随者、思想的随从者、行动的拥护者。总委员会的组织结构形态、组织运行模式符合无产阶级政党组织架构和组织运行的内在要求。总委员会在领导第一国际的实践活动中，从思想、组织、职能三个方面共同推动了各国无产阶级政党的建立，为后来建立的无产阶级政党提供了一定的雏形参考，是总委员会重要的历史功绩。

二　组织经验

在 19 世纪 60 年代欧洲的大背景下，第一国际作为世界上"第一个政党性的国际工人组织"[1] 登上历史舞台，"第一国际的社会主义政党政治创造性实践，尽管具有明显的'地域性'以及发展阶段上的'初级性'和实践中的'尝试性'，但是无论在组织载体、价值指向、活动内容上，还是思想指导、实践模式以及策略原则等方面，对后继的社会主义政党政治深入发展，都具有奠基意义和开

---

① 高放：《第一个政党性的国际工人组织——第一国际光芒四射》，《中国延安干部学院学报》2014 年第 1 期。

创价值。"① 总委员会作为第一国际代表大会闭会期间的领导中心，虽然也面临着崇高的历史使命与实际能力有限的矛盾处境，但其组织性质、组织原则、组织运作等众多方面都为我们留下了丰厚的实践经验。

（一）坚持无产阶级性质的价值追求

第一国际总委员会从 1864 年 9 月 28 日于英国伦敦圣马丁堂成立大会上被选举产生起，直到 1876 年在美国解散，在这 12 年里，总委员会作为第一国际最高的领导机关和执行机关，坚持无产阶级性质的价值追求始终未变，具体表现如下。

第一，总委员会所肩负的历史使命充分诠释其无产阶级性质。总委员会创设之初就承载着"追求工人阶级的保护、发展和彻底解放"的历史使命，开始组织活动，虽然总委员会"经历了从站在'向资本进行革命进攻'的前沿，到'暂时让国际这一形式上的组织退到后台去'"② 的策略变化，但它所肩负的历史使命从未有所动摇和改变，始终为实现无产阶级的彻底解放不懈奋斗。

第二，总委员会所秉持的思想武器充分呈现其无产阶级性质。伴随着第一国际的发展，总委员会经历了从组建时期（1864～1865）到初创时期（1866～1869）到发展时期（1870～1872）再到衰落时期（1873～1876）四大发展阶段。1864 年起直至 1876 年的 12 年中，总委员会经历了驻地由伦敦迁往纽约，经历了活动中心由欧洲转移到美洲，经历了革命浪潮由高涨到消退；尽管时间、空间、时局都有所变化，但总委员会始终秉持为无产阶级意志所服

① 王韶兴：《第一国际的共产主义活动与社会主义政党政治逻辑》，《中国社会科学》2015年第 11 期。

② 王韶兴：《第一国际的共产主义活动与社会主义政党政治逻辑》，《中国社会科学》2015年第 11 期。

务的思想武器——《成立宣言》和《临时章程》不动摇。虽然，《成立宣言》和《临时章程》没能明确提出消灭生产资料私有制、消灭阶级的主张；也没有提出推翻资产阶级统治，建立无产阶级专政的思想；更未在文件中使用过"共产党""共产主义""科学社会主义"这样的词语，但却用委婉含蓄的语言，巧妙地阐述了《共产党宣言》的全部思想，造就了以科学社会主义为基础并团结各派力量的纲领和章程。总委员会是《成立宣言》和《临时章程》的起草方，也是忠贞不渝的践行方。总委员会的领导工作以《成立宣言》和《临时章程》思想为指导，以"无产阶级的解放要靠无产阶级自己去争取"为根本精神，以争取平等的权利和义务并消灭任何阶级统治为斗争目标，指导国际的各项工作。《成立宣言》和《临时章程》作为总委员会所秉持的思想武器充分展现了其无产阶级性质。

第三，总委员会所践行的实践活动充分彰显其无产阶级性质。总委员会实践活动的主客体均具有无产阶级性质。总委员会作为第一国际的领导机关和执行机关，它同第一国际一样具有无产阶级性质。总委员会实践活动的客体即总委员会实践活动的利益获得者——广大工人群众也具有无产阶级性质。总委员会实践活动的内容更是充分彰显着无产阶级性质。总委员会的实践活动直接关系无产阶级的自身利益，总委员会从经济、政治、人权三个维度积极发挥社会动员功能支持援助各国工人运动；同时也充分发挥宣传联络功能，呼吁广大工人兄弟加入为争取自身利益实现自我彻底解放的斗争中去，扩大第一国际的影响；另外，总委员会在思想上积极指导和支持巴黎工人英勇行动，最终完成建立历史上第一个无产阶级政权的壮举，成就了第一国际活动的最高峰。

伴随着总委员会实践活动的不断深入，总委员会的人员队伍不断壮大，内部分工不断细化和附属机构规模不断扩大，总委员会领导第一国际早已实现了它创立初始的目标：成为"沟通各种互相合作的团体之间的联系的国际机关"① ——工人组织和团体的联络中心和合作中心，同时，总委员会也为各国建立无产阶级政党奠定了思想、组织和职能方面的基础，逐渐将第一国际发展为无产阶级政党组织的雏形。总委员会组织运作的过程即是实现社会主义价值的过程，总委员会的无产阶级性质的价值追求始终没变。

（二）坚持民主制的原则取向

"民主政治的实质是其阶级性。哪个阶级掌握政权，哪个阶级占据统治地位，就实行哪个阶级所需要的民主政治。"② 总委员会同第一国际一样具有无产阶级性质，它是为无产阶级服务的国际工人组织的领导机关和执行机关。在总委员会的领导下，在它的常设机构（常务委员会）、直属机构（国际支部）、附属机构（附属团体）、宣传机构（国际机关报）的协助和配合下，实现了世界范围内无产阶级的大联合，使无产阶级反对资产阶级的斗争从此带有了国际性质，打破了过去孤军奋战的斗争状态。总委员会的组织运行机制有很多，其中包括会议机制、委员机制、民主协商机制、民主表决机制、集体领导机制、个人分工负责机制等，但这些都是以既有的体制衍生的。这里所讲的既有体制即民主制，具体是指依托既有体制——民主制的发挥和发展，生长出新的机制，保证组织的有效运作。总委员会之所以能够促进科学社会主义的传播，能够广泛团结广大无产阶级，为各国建立无产阶级政党奠定基础，引领第一国际向国际化发展，离不开它自身最为基本的组织原则——民主制。

---

① 王学东主编《国际共产主义运动历史文献：第 5 卷（第一国际总委员会文献 1864 ~ 1867）》，中央编译出版社，2011，第 394 页。

② 李铁映：《论民主》，人民出版社、中国社会科学出版社，2001，卷首语。

　　总委员会的组织原则——民主制，在本书第一章二（四）（总委员会的组织原则：民主制）已经有所提及和介绍，在此做一些补充。总委员会的民主制原则，为后来建立无产阶级政党乃至组建无产阶级政权在组织原则方面均可提供一些参考。从微观方面来看，总委员会的性质、产生方式、人员构成、运行机制、组织关系等几个方面均充分显示了总委员会的"民主制"组织原则。从宏观方面来看，总委员会的民主制组织原则主要体现在以下两个方面。第一，总委员会的"民主制"是无产阶级性质的民主制。古希腊的民主制是奴隶主阶级的民主制，中世纪欧洲城邦共和国的民主制是大商人、大作坊主的民主制，近代资本主义国家的民主制是资产阶级的民主制。虽然总委员会只是世界上第一个政党性的国际工人组织的领导和执行机关，但它的民主制却是工人阶级和劳动人民的民主制，是人民大众的民主制，不是权贵阶层的民主制，总委员会的委员、国际的会员全部是无产阶级的代表。第二，总委员会的"民主制"是总委员会内部全部委员广泛参与的民主制。总委员会的民主制贯穿它所领导的各个部门（常设机构、直属机构、附属机构、宣传机构）。总委员会在组织运作的整个过程中，都秉承着公平、公正、平等和自愿的原则开展活动。在总委员会会议①上，总委员会的委员们一同参与总委员会内部事务的决策、管理和监督。在委员们广泛参与、协商和表决的基础之上，通过的每项决议都充分体现工人们的共同意志，提高了总委员会决策的开明度，促进民主化进程。整个过程中，总委员会委员们不会受到任何胁迫、恐吓、暴力、金钱等外力的操控和影响。无论是总委员会的负责人员还是没

---

　　① 主要包括中央委员会会议（"中央"二字是因为在1866年9月之前，总委员会称为中央委员会）、小委员会会议、总委员会会议、委员会会议、非常会议、特别会议等。

有职务的普通委员，他们一律平等地表达各自的观点，即使意见出现分歧、存在争议，也会以讨论、辩论的方式进行平等、公正的交流、切磋，共同定夺，充分彰显了民主制的原则。

三　总委员会的组织经验对中国特色社会主义事业建设的启示

第一国际总委员会的实践经验对中国共产党领导中国特色社会主义事业具有启示意义。第一国际总委员与中国共产党两者存在着共同的特征。总委员会为追求无产阶级的保护、发展和彻底解放而努力，代表着无产阶级和广大群众的利益。中国共产党是中国工人阶级的先锋队，是中国人民和中华民族的先锋队。中国共产党代表着中国先进生产力的发展要求，代表着中国先进文化的前进方向，代表着中国最广大人民的根本利益。虽然两者的性质大为不同（一个是政党性的国际工人组织的领导机关，一个是主权国家的执政党），但均代表着一定的阶级，都是为了所代表的阶级而服务的组织。第一国际总委员会的实践经验对中国共产党领导中国特色社会主义事业具有启示意义，主要体现在以下几个方面。

（一）坚持以马克思主义为指导

马克思亲自参加第一国际时期的革命实践活动，这是马克思为全世界无产阶级的解放事业而英勇奋斗的一生中最为光辉和重要的一页。马克思在第一国际中所发挥的杰出作用、所作出的巨大贡献，是第一国际中任何一个领袖人物都无法与之相提并论的。因而，在当时马克思就已被公认为第一国际的"创始人""缔造者""领袖""主脑""灵魂"。马克思根据当时国际工人运动的实际情况，正确运用科学社会主义的基本原理，出色地起草了第一国际的重要章程、决议和文件，制定了指导第一国际革命实践活动的纲领、路线、方针和政策，马克思成为第一国际的思想灵魂，也逐步确立了马克思主义在国际工人运动中的领导地位。第一国际总委员会所发表的一切文件，从1864年的《成立宣言》到1871年的《法兰西内战》宣言，几乎都是出自马克思之手。马克思正是以其卓越的理论才能和辛勤的劳动，名副其实地成为第一国际的精神领袖和思想灵魂。坚持以马克思主义为指导是第一国际总委员会实践经验对中国特色社会主义事业建设的重要经验启示之一。

在人类思想史上，就科学性和真理性而言，没有一种思想理论能达到马克思主义的高度，能够对世界产生如此深刻的影响；也没有一种学说能像马克思主义这样，极大地推动了人类文明的进程。马克思主义是由马克思、恩格斯创立的并为后继者所不断发展的科学理论体系，是关于自然、社会和人类思维发展一般规律的学说，是关于社会主义必然代替资本主义、最终实现共产主义的学说，是无产阶级政党和社会主义国家的指导思想。马克思主义不仅是我们观察当代世界变化的认识工具，也是指引当代中国发展的行动指南，更是引领人类社会进步的科学真理。

党的十九届六中全会通过的《中共中央关于党的百年奋斗重大成就和历史经验的决议》强调："党的百年奋斗展示了马克思主义的强大生命力。"[①] "中国共产党为什么能，中国特色社会主义为什么好，归根到底是因为马克思主义行！"[②] 马克思主义是我们立党立国的根本指导思想，是我们党的灵魂和旗帜。我们党的历史就是一部不断推进马克思主义中国化的历史，就是一部不断推进马克思主

---

① 《中共中央关于党的百年奋斗重大成就和历史经验的决议》（2021年11月11日中国共产党第十九次中央委员会第六次全体会议通过），《人民日报》2021年11月17日。

② 习近平：《在庆祝中国共产党成立100周年大会上的讲话》，人民出版社，2021，第13页。

义理论创新发展的历史。在党的六届六中全会上，毛泽东同志鲜明地提出马克思主义中国化的重大命题，指出要推动"马克思主义的中国化，使之在其每一表现中带着中国的特性"①。在党领导中国革命、建设、改革的过程中，我们党用鲜活丰富的中国实践推动马克思主义发展，形成了一系列马克思主义中国化理论成果，充分体现了马克思主义与时俱进、创新发展的理论品格，不断开辟马克思主义发展的新境界。在全面建设社会主义现代化国家、实现中华民族伟大复兴的新征程上，我们必须坚持以马克思列宁主义、毛泽东思想、邓小平理论、"三个代表"重要思想、科学发展观、习近平新时代中国特色社会主义思想为指导，坚持把马克思主义基本原理同中国具体实际相结合、同中华优秀传统文化相结合，用马克思主义观察时代、把握时代、引领时代，善于用新的理论指导新的实践，继续发展当代中国马克思主义、21 世纪马克思主义。

（二）加强党的自身建设

第一国际总委员会在思想建设、组织建设等诸多方面，为后来的无产阶级政党的建立、建设奠定了一定的基础，充分发挥了世界社会主义运动的历史基因作用。虽然这种奠基和历史基因作用呈现出一定的初级性特征，但对当今的政党建设仍具重要的参考价值和借鉴意义。着力加强党的自身建设是第一国际总委员会实践经验对中国特色社会主义事业建设的重要经验启示。

"勇于自我革命是中国共产党区别于其他政党的显著标志。我们党历经千锤百炼而朝气蓬勃，一个很重要的原因就是我们始终坚持党要管党、全面从严治党，不断应对好自身在各个历史时期面临

---

① 《建党以来重要文献选编（1921～1949）》（第十五册），中央文献出版社，2011，第 651 页。

的风险考验，确保我们党在世界形势深刻变化的历史进程中始终走在时代前列，在应对国内外各种风险挑战的历史进程中始终成为全国人民的主心骨！"① 中国人民和中华民族之所以能够扭转近代以后的历史命运、取得今天的伟大成就，最根本的是因为有了中国共产党的坚强领导。党的领导是做好党和国家各项工作的根本保证，是战胜一切困难和风险的"定海神针"。

自1921年7月中国共产党创立起，已经走过了百年的风风雨雨。百年风雨兼程，百年大浪淘沙，我们党之所以能够从仅有50多名党员发展为拥有9500多万名党员，壮大成为领导着14亿多人口大国的世界第一大执政党，之所以能够历经岁月洗礼愈发朝气蓬勃，饱经磨难考验依然初心坚固，根本原因在于党始终以伟大的历史主动精神推进自我革命，始终坚持真理、修正错误，自我净化、自我完善、自我革新。历史经验表明，要保持党的先进性，绝不能忽视党的自身建设。加强党的自身建设是关系党的生死存亡、关系中国特色社会主义事业兴衰成败的重大问题。中国共产党肩负着实现中华民族伟大复兴的庄严使命和神圣职责，加强党的自身建设是保证执政地位的内在要求。党的自身建设包括思想建设、组织建设，也包括作风建设、执政能力建设、反腐倡廉建设等诸多方面的内容。以史为鉴、开创未来，在新的征程上，我们必须不断推进党的建设新的伟大工程，牢记打铁必须自身硬的道理，不断增强全面从严治党永远在路上的政治自觉。以党的政治建设为统领，继续推进新时代党的建设新的伟大工程，不断严密党的组织体系，着力建设德才兼备的高素质干部队伍，坚定不移推进党风廉政建设和反腐败斗争，坚决清除一切损害党的先进性和纯洁性的因素，清除一切

---

① 习近平：《在庆祝中国共产党成立100周年大会上的讲话》，人民出版社，2021，第19页。

侵蚀党的健康肌体的病毒，确保党不变质、不变色、不变味，确保党在新时代坚持和发展中国特色社会主义的历史进程中始终成为坚强的领导核心。

（三）发展全过程人民民主

从总委员会的性质、产生方式、人员构成、组织关系、运行机制等众多方面充分体现出明显的民主制的组织原则。总委员会内部的委员，无论是总委员会内部的负责人员还是普通委员人人平等，每人都有选举权（每人持有一票的投票权），大家平等地共同商讨第一国际内部的重大事务。发展全过程人民民主是第一国际总委员会实践经验对中国特色社会主义事业建设的另一重要启示。

人民民主是中国共产党始终高举的旗帜。在革命、建设、改革各个历史时期，我们党团结带领人民从人民民主的价值、组织、制度体系上不断进行探索和实践。在人民民主价值上，党坚持人民至上，始终把为中国人民谋幸福、为中华民族谋复兴作为自己的初心使命，把人民当家做主作为人民民主的本质和核心，把体现人民意志、保障人民权益、激发人民创造作为人民民主的价值追求。在人民民主组织上，新民主主义革命时期，党在局部执政的革命根据地领导人民创造性地推进民主选举和民主政权建设。新中国成立后，党领导人民确立了工人阶级领导的、以工农联盟为基础的人民民主专政的国体和人民代表大会制度的政体，并建立起同国体政体相适应的新型国家政权组织。在人民民主制度上，党领导人民逐步建立了人民当家做主的制度体系。1949 年 9 月中国人民政治协商会议第一届全体会议召开，标志着中国共产党领导的多党合作和政治协商制度的正式确立，也标志着人民政协制度的正式确立。1954 年第一届全国人民代表大会召开，建立起人民代表大会制度这一根本政治制度，进一步确立民族区域自治制度。进入改革开放和社会主义现代化建设新时期，1982 年将基层群众自治制度写入宪法。这些根本政治制度、基本政治制度、重要政治制度，构成坚持党的领导、人民当家做主、依法治国有机统一的完整制度安排，从而走出了一条中国特色社会主义政治发展道路。

中国特色社会主义进入新时代，以习近平同志为核心的党中央深化对民主政治发展规律的认识，提出全过程人民民主等一列新思想、新理念、新举措。习近平总书记指出："人民民主是社会主义的生命，没有民主就没有社会主义，就没有社会主义的现代化，就没有中华民族伟大复兴。"[1] 照抄照搬他国的政治制度行不通，甚至会把国家前途命运葬送掉，中国特色社会主义政治制度必须深深扎根于中国社会的土壤。我国全过程人民民主实现了过程民主和成果民主、程序民主和实质民主、直接民主和间接民主、人民民主和国家意志相统一，是全链条、全方位、全覆盖的民主，是最广泛、最真实、最管用的社会主义民主。当前，我们党正团结带领全国各族人民朝着全面建成社会主义现代化强国的第二个百年奋斗目标迈进，发展社会主义民主是实现社会主义现代化的重要标志。在新征程上，我们要不断完善和发展全过程人民民主，加强党对发展全过程人民民主的领导，坚定发展全过程人民民主的政治自觉，健全全过程人民民主的制度体系，提高全过程人民民主主体的民主素质，推进我国社会主义政治文明全面提升。

（四）推动构建人类命运共同体

马克思和恩格斯领导第一国际总委员会在总委员会内部和历次代表大会、代表会议上，经过充分的民主讨论，抵制各个流派的错误思潮，通过了一系列正确决议，为国际工人运动制定统一的革命

---

[1]　习近平：《在中央人大工作会议上的讲话》，《求是》2022 年第 5 期。

战略和策略原则，其内容涵盖了关于支持工人罢工斗争和组织国际声援问题；关于组织工会和合作社，教育、组织工人群众，开展反对资本主义斗争问题；关于无产阶级必须进行政治斗争和争取夺取政权问题；关于无产阶级同盟军问题，必须积极参加群众性的争取民主的运动，必须坚决支持波兰和爱尔兰的民族解放运动；关于正确对待战争问题，必须坚决反对掠夺性的侵略战争，积极参加维护和平的斗争；关于加强无产阶级的国际主义联合和团结，建立无产阶级独立的政党问题等。这些重要决议不仅推动了国际工人运动在战略、策略、原则等方面进一步走向成熟，同时也提高了广大无产阶级阶级联合和阶级团结的主动性和自觉性，促进科学社会主义与工人运动更深层次的结合，推进世界社会主义运动走向全面复兴①，为实现全人类的解放事业注入了新的活力。不断为人类文明进步贡献智慧和力量、推动构建人类命运共同体，是第一国际总委员会实践经验对中国特色社会主义事业建设的重要启示。

党的十九届六中全会通过的《中共中央关于党的百年奋斗重大成就和历史经验的决议》指出："党既为中国人民谋幸福、为中华民族谋复兴，也为人类谋进步、为世界谋大同，以自强不息的奋斗深刻改变了世界发展的趋势和格局。党领导人民成功走出中国式现代化道路，创造了人类文明新形态，拓展了发展中国家走向现代化的途径，给世界上那些既希望加快发展又希望保持自身独立性的国家和民族提供了全新选择。党推动构建人类命运共同体，为解决人类重大问题，建设持久和平、普遍安全、共同繁荣、开放包容、清洁美丽的世界贡献了中国智慧、中国方案、中国力量，成为推动人

---

① 王韶兴：《第一国际的共产主义活动与社会主义政党政治逻辑》，《中国社会科学》2015年第11期。

类发展进步的重要力量。"①

一百多年来，我们党始终坚守共产主义理想和社会主义信念，传承弘扬中华优秀传统文化，用博大胸怀吸收人类创造的一切文明成果，同世界各国人民一道，推动历史车轮向着光明的前途前进。中国共产党一经成立，就旗帜鲜明地把社会主义和共产主义确立为自己的奋斗目标。党的二大指出，党的最高纲领是实现社会主义、共产主义。在波澜壮阔的历史进程中，中国共产党始终勇立时代潮头、走在时代前列，为开创人类美好未来而上下求索、不懈奋斗。从"中国应当对于人类有较大的贡献"到"中国人民不仅要自己过上好日子，还追求天下大同"，中国共产党的天下情怀一以贯之，从未改变。

党的十八大以来，在以习近平同志为核心的党中央坚强领导下，坚持把马克思主义基本原理同中国具体实际相结合、同中华优秀传统文化相结合，充分吸收、合理借鉴人类社会创造的一切文明成果，提出了和平、发展、公平、正义、民主、自由的全人类共同价值，践行为中国人民谋幸福、为中华民族谋复兴的同时，也为人类谋进步、为世界谋大同，以自强不息的奋斗深刻改变了世界发展的趋势和格局，为破解人类面对的世界难题贡献了中国智慧和中国方案，成为推动人类文明进步的重要力量。在新时代新的征程上，我们要在党的坚强领导下，高举和平、发展、合作、共赢旗帜，奉行独立自主的和平外交政策，坚持走和平发展道路，推动建设新型国际关系，推动构建人类命运共同体的实践不断走深走实。

---

① 《中共中央关于党的百年奋斗重大成就和历史经验的决议》（2021 年 11 月 11 日中国共产党第十九届中央委员会第六次全体会议通过），《人民日报》2021 年 11 月 17 日。

结　语

第一国际前承共产主义者同盟，后接第二国际，是发挥着承前启后重要作用的国际工人组织。列宁曾这样高度评价第一国际："第一国际完成了自己的历史使命，随之而来的是世界各国工人运动空前大发展的时代，即工人运动向广度发展，以各个民族国家为基地建立群众性的社会主义工人政党的时代。"① "第一国际是不会被人遗忘的，它在工人争取自身解放的斗争史上是永存的。"② 第一国际能够荣膺"第七强国"③ 的殊荣，离不开总委员会的中心领导作用。

恩格斯曾这样评价第一国际，"国际支配了欧洲历史的一个方面，即蕴藏着未来的一个方面，它能够自豪地回顾自己的工作"④，创建第一国际的人们"可以骄傲地高呼：'国际已经完成自己的任务；它已完全达到自己的伟大目的——全世界无产阶级在反对其压迫者的斗争中联合起来了。'"⑤ 那么，总委员会是否完成了其沟通各互助、合作团体之间联系的历史使命呢？

---

① 《列宁全集》（第 26 卷），人民出版社，2017，第 51 页。
② 《列宁全集》（第 36 卷），人民出版社，2017，第 218 页。
③ 《马克思恩格斯文集》（第 3 卷），人民出版社，2009，第 457 页。
④ 《马克思恩格斯文集》（第 10 卷），人民出版社，2009，第 399 页。
⑤ 《马克思恩格斯全集》（第 25 卷），人民出版社，2001，第 175 页。

笔者认为，总委员会领导第一国际活动的 12 年间，同第一国际一样光荣地完成了其历史使命并永载史册。之所以这样判定，并不单单因为它与第一国际"相伴而生"、"同生共死"、"相依为命"和"生死相依"，具体判定依据如下。

第一，完成使命，实现目标。总委员会活动的前 8 年即从其组建期至发展期（1864～1872），亦是总委员会驻地设在英国伦敦期间，总委员会已基本上完成了使命，实现了目标。其具体表现，首先，总委员会构建了由常设机构、直属机构、附属机构、宣传机构共同组成的健全的组织结构，基本满足了第一国际职能的正常发挥，保证组织系统的正常运行。其次，总委员会组织了全面的政治实践活动，它领导第一国际声援欧洲各国工人的罢工运动，积极参加群众性民主运动，声援被压迫民族的解放斗争，坚持反对侵略战争、保卫和平的斗争，支持巴黎公社革命等一系列广泛的组织活动，领导第一国际成为追求无产阶级保护、发展和彻底解放的各国工人团体的联络和合作中心。再次，总委员会创设了完备的组织功能。总委员会以第一国际的纲领和章程为指导，在领导、组织国际实践活动的过程中，逐渐创设了社会动员（经济动员、政治动员、人权动员）、宣传联络、思想领导等完备的组织功能体系。最后，总委员会创立了完整的组织运行机制。经过不断地探索和发展，总委员会创立了会议机制与委员机制相结合、民主协商机制与民主表决机制相结合、集体领导机制与个人分工负责机制相结合的基本运行机制框架，保障总委员会组织的静态系统能在真正意义上转化为动态化的运作系统，实现其自身的目标和功能。

第二，迁移驻地，由盛转衰。总委员会的驻地由欧洲迁往美洲是其由盛转衰的关键节点。总委员会作出迁移驻地的重要抉择，一方面，由于巴黎公社失败后，整个欧洲都笼罩着反动的政治形势，

第一国际内部的矛盾也进一步升级，总委员会在伦敦已经失去了活动的基础和条件；另一方面，总委员会将大西洋彼岸视为第一国际能够重获生机的"希望之地""寄托之地"。为了防止形形色色的宗派主义篡夺第一国际的领导权，避免组织的静态结构与动态运作出现僵化的情况，为了追求其组织结构、功能、运行机制的进一步更新，激发组织运作活力，进一步促进无产阶级实现紧密的团结，提升无产阶级的阶级觉悟和斗争精神，发展各种无产阶级团结的形式，总委员会试图努力去打开崭新局面，进一步推动国际工人运动的发展。可以说，总委员会驻地的迁移具备完全的合理性。①

第三，顺应形势，悄然谢幕。驻地迁往美国之后，总委员会由盛转衰。除了从微观上看，总委员会迁移驻地之后，组织内部出现公开分裂、财政亏空、逐步失去与其直属机构之间的联系等一系列的具体表现之外；从宏观上讲，总委员会已难以适宜欧美工人运动的发展形势。这一时期资本主义的发展已经进入新阶段，逐步由自由资本主义②向垄断资本主义③过渡。在新的历史条件下，国际工人运动面临着新的使命："在各国工人阶级中进行深入细致的组织教育工作，在每一个国家建立民族国家的无产阶级独立政党，充分利用和平发展的条件和新的斗争形式，积蓄革命力量，准备迎接未来的社会主义革命。"④ 显然，总委员会致力于加强各国工人、工人

---

① 在本书第一章就总委员会驻地迁移的具体原因、影响因素已有所介绍，在此不再具体展开。
② 自由资本主义（laisser-faire capitalism），以自由竞争为特征的市场结构，是市场经济发展过程中的第一阶段，与垄断市场对立，也称为"垄断前"。起源于16世纪，19世纪60和70年代发展到顶点，自由资本主义向垄断资本主义过渡。
③ 垄断资本主义（formation of monopoly capitalism），即帝国主义，是资本主义发展的最高阶段。它是在资本主义生产力和生产关系的矛盾进一步发展的基础上，在生产和资本加速集中的过程中诞生，产生和发展于19世纪最后30年和20世纪初。
④ 张汉清：《马克思、恩格斯与第一国际》，东北师范大学出版社，1996，第361页。

组织、工人团体之间交流的目标和任务已与当时的新的历史条件和工人运动的新使命不相匹配。正如恩格斯所说："而这样一条纽带在当时已经变成了一种束缚。"① 由此看来，在新的历史时期，总委员会伴随第一国际的自行解散而退出历史舞台，并非是失败、落败，是完成了其历史使命并取得辉煌成绩的悄然谢幕。

总委员会作为第一国际代表大会闭会期间的领导中心，构建了思想、组织、实践三者的联动发展体系，对加强无产阶级的团结起到了重要的推动作用，加速了无产阶级政党的建立进程，促进了国际工人运动的蓬勃发展。总委员会的组织结构、组织行为、组织功能、组织运作等很多方面都为社会主义运动史留下了光辉灿烂的一页，闪耀着耀眼的光芒。

第一，推动无产阶级实现紧密的团结。总委员会能推动无产阶级在世界范围内实现大联合，究其根本原因主要是处理好了三种主要关系。其一，总委员会委员与委员之间的关系。总委员会内部存在着多种派别，其中包括工联派、蒲鲁东派、拉萨尔派、布朗基派、巴枯宁派、马志尼派等，委员与委员之间的关系可以说直接影响着总委员会的正常运行。第一国际建立初始，为了实现团结的愿景，马克思巧妙地完成了可以让各个派别都能接受的纲领和章程，妥善地将这些派别纳入为了共同目标而努力的轨道之中。总委员会在后来的工作中，一直从大局出发，尽力保证总委员会内部团结和民主的气氛。当遇到委员与委员之间的矛盾和分歧时，总委员会一直本着实事求是的原则，采取先团结再引导、以和平辩论代替组织制裁，尽力将委员们融洽地团结在一起。其二，总委员会与工人组织和工人团体之间的关系。总委员

---

① 《马克思恩格斯文集》（第 3 卷），人民出版社，2009，第 457 页。

会对待工人组织和工人团体坚持一律平等的原则，和平友善地交流、联络、合作；总委员会的直属机构、附属机构之间，结成亲密合作的永久同盟关系，但是又尊重团体保留自己原有组织的独立性。积极发挥宣传联络功能，促进工人组织和工人团体之间实现交流、互动、互助和合作，推动阶级团结和阶级联合。其三，总委员会与欧美广大工人群众之间的关系。总委员会致力于调查各国工人的生产和生活状况，引导他们依靠自身力量走出困境，实现彻底的解放；总委员会为工人们提供其他地区工人运动的情况和情报，揭露资产阶级政府的阴谋行径，对工人们为缩短工时、提高工资而举行的罢工运动予以最大力度的帮助和支持。总委员会构建了交互式的互助模式为工人们的切身利益而不断努力，提高了广大工人群众实现国际范围内大联合的主动性和自觉性，推动无产阶级实现紧密的团结。

第二，加速无产阶级政党的建立进程。总委员会的组织活动加速了无产阶级政党的建立进程，为无产阶级政党的建立奠定了历史基础，主要表现在三个重要方面。其一，总委员会深化第一国际思想，是无产阶级政党政治的思想滥觞。总委员会起草和颁布的《成立宣言》和《临时章程》充分反映了无产阶级的价值诉求和利益取向，它作为第一国际的基本精神，以马克思主义新的世界观和方法论引导广大工人团结一致为实现无产阶级的彻底解放而不懈奋斗。深化了第一国际的思想，丰富和发展了无产阶级建党学说，成为无产阶级政党政治的思想滥觞。正如第一国际成立大会主席比斯利教授对《成立宣言》和《临时章程》的评价，"可算是对工人反对资产阶级的事业的最有力、最令人信服的叙述"①，虽然它的篇幅

---

① 〔德〕弗·梅林：《马克思传》，樊集译、持平校，人民出版社，1965，第41页。

只有 12 页。其二，总委员会拓展组织结构、扩大组织规模成为无产阶级政党政治的组织发端。虽然总委员会的组织结构显示出了一定程度的初级性，但是根据当时的时代背景、从整体上进行综合考量，总委员会的机构设置已经可以满足基本的组织运作、组织功能的正常发挥，可以算得上是配备齐全。总委员会努力拓展组织结构，扩大组织规模，建立了由常设机构、直属机构、附属机构、宣传机构共同组成的组织模式，为无产阶级政党政治提供了组织发端。其三，总委员会推进政治实践成为无产阶级政党政治的实践预演。政党即政治行为、政治实践活动的主体。总委员会作为第一国际代表大会闭会期间的领导中心，积极发挥其社会动员、宣传联络、思想领导的主要功能，致力于国际工人运动的实践，打破了第一国际成立之前工人运动孤立、分散、间断、突发式的运动状态，构建了联合、团结、连续、常规性的活动范式，推进工人运动自发性、主动性和群众性地发展，成为无产阶级政党政治的实践预演。

第三，推动国际工人运动的蓬勃发展。总委员会领导第一国际站在了工人运动的最前列，声援工人运动，宣传第一国际思想，传播科学社会主义，支持无产阶级革命运动，引导工人阶级建立最广泛的团结和联合，为自身的彻底解放而不懈奋斗。总委员会的三个主要组织功能是推动国际工人运动蓬勃发展的直接动力。其一，社会动员功能。总委员会充分发挥社会动员功能，积极声援欧洲各国工人争取自身经济权益的罢工运动；关注各国政治运动，引导英国工人阶级参加第二次选举法改革运动；支持美国北方人民反对南方奴隶主的正义斗争，直接推动国际工人运动的蓬勃发展。其二，宣传联络功能。总委员会利用多种媒介和载体（报刊、传单、呼吁书）宣传第一国际的思想和基本精神，通过派遣、接待访问团的方式加强第一国际与直属机构、附属机构、工人组织之间的沟通和联络，提高工人觉悟，将团结的思想逐步转化为团结的行动，促进无产阶级在世界范围内的大联合。其三，思想领导功能。总委员会积极发挥其思想领导功能，最为典型的是在巴黎工人进行无产阶级革命斗争的整个过程中充分发挥思想领导功能，积极指导和支持巴黎工人阶级英勇斗争，最终完成建立历史上第一个无产阶级政权的壮举。可以说，1871 年的巴黎公社不仅是法国革命传统的继承者，而且它也是第一国际（代表大会闭会期间）领导中心——总委员会思想领导的重要产物。总委员会从多维度组织、引导无产阶级进行捍卫自身权益的政治实践活动，从思想上领导工人们由自发行动走向自觉行动，增强无产阶级追求自身解放的积极性和主动性，推动国际工人运动实践进入新的历史阶段。

参考文献

英文图书

[1] Address and Provisional Rules of the International Working Men's Association at a Public Meeting Held at St. Martin's Hall, Long Acre, London, for the Celebration of the 60th Anniversary [M]. London: [s. n.].

[2] David Fernbach. The First International and After [M]. London: Penguin/NLR. 1974.

[3] Founding of the First International (A Documentary Record) [M]. New York: International Publishers, 1934.

[4] G. M. Stekloff. History of the First International [M]. New York: Russell & Russell, 1928.

[5] Henry Collins, Chimen Abramsky. Karl Marx and the British Labour Movement: Years of the First International [M]. London: Macmillan & Co; New York: St. Martin's press, 1965.

[6] Jacques Freymond and Mikós Molnár, "The Rise and Fall of the First International," in Milorad M. Drachkovitch, the Revolutionary Internationals, 1864 – 1943 [M]. Stanford, CA: Stanford

University Press, 1966.

[7] Julian P. W. Archer. The First International in France, 1864 – 1872 [M]. Lanham: University Press of America, 1997.

[8] Julian Pratt Waterman Archer. The First International and the Lyon Revolutionary Movement, 1864 – 1871 [M]. Ann Arbor, Mich: UMI, 1971.

[9] Julius Braunthal. History of the International. [M]. New York: Nelson, 1961. 1966.

[10] Lissagaray, Prosper-Olivier. History of the Paris Commune of 1871 [M]. London, New York: Verso, 2012.

[11] Martin Kane. The Social Democratic Party of Germany 1848 – 2005 [M]. DIETZ (Germany), 2006.

[12] Roger Morgan. The German Social Democrats and the First International, 1864 – 1872 [M]. Cambridge: University Press, 1965.

[13] Samuel Bernstein, The First International in America [M]. New York: Augustus M. Kelley, 1962.

[14] SaulK. Padover. On the First International [M]. New York: McGraw-Hill, 1973.

[15] Sean Daly. Ireland and the First International [M]. Cork: Tower Books of Cork, 1984.

[16] The Beginnings of Marxian Socialism in France [M]. New York: 1933.

[17] The General Council of the First International [M]. Moscow: Foreign Languages Publishing House, 1974.

[18] William Z. Foster. History of The Three Internationals [M]. New York: International Publishers, 1955.

［19］George C. Comninel. Alienation and Emancipation in the Work of Karl Marx ［M］. New York：Palgrave Macmillan，2019.

［20］Woodford McClellan，The Russians in the First International and the Paris Commune，London；New York：Routledge，2021.

［21］Hans Gerth. The First International Minutes of the Hague Congress of 1872 with Related Documents ［M］. New York：The University of Wisconsin Press，1957.

［22］The General Council of the First International Minutes·1864 - 1866 ［M］. Moscow：Progress Publishers，1974.

［23］The General Council of the First International Minutes·1866 - 1868 ［M］. Moscow：Progress Publishers，1974.

［24］The General Council of the First International Minutes·1868 - 1870 ［M］. Moscow：Progress Publishers，1974.

［25］The General Council of the First International Minutes·1870 - 1871 ［M］. Moscow：Progress Publishers，1974.

［26］The General Council of the First International Minutes·1871 - 1872 ［M］. Moscow：Progress Publishers，1974.

［27］The Hague Congress of the First International：September 2 - 7，1872：Documents ［M］. Moscow：Progress Publishers，1978.

［28］The Hague Congress of the First International：September 2 - 7，1872：Reports and Letters ［M］. Moscow：Progress Publishers，1978.

［29］The Hague Congress of the First International：September 2 - 7，1872：Minutes and Documents ［M］，Moscow：Progress Publishers，1976.

英文期刊

［1］ Bill Fletcher Jr. Race, Internationalism and Labor: Reflections up-on the 150th Anniversary of the First International. Socialism and Democracy, 2014. Vol. 28, No. 2, 115 – 130.

［2］ Capitalist Crisis, Cooperative Labor, and the Conquest of Political Power: Michael Joseph Roberto. Marx's 'Inaugural Address' (1864) and Its Relevance in the Current Moment. Socialism and Democracy, 28: 2, 83 – 106.

［3］ Commune of Paris. Columbia Electronic Encyclopedia, 6th Edition. Q2 2016, p1 – 1. 1p.

［4］ La Botz, Dan. The Marxist View of the Labor Unions: Complex and Critical. Working USA, March 2013, Vol. 16, Issue. 1, pp. 5 – 41.

［5］ Derfler, Leslie. The First International in France: 1864 – 1872. American Historical Association. American Historical Review. April 1999, Vol. 104 Issue 2, p. 660.

［6］ Documents from the International Working Men's Association. Socialism and Democracy, 2014. Vol. 28, No. 2, pp. 39 – 58.

［7］ E. Gryzanovski. On the International Working Men's Association; Its Origin, Doctrines, and Ethics. The North American Review. Vol. 114, No. 235 (Apr. , 1872), pp. 309 – 376.

［8］ Evan M. Daniel. Nineteenth-Century Labor and Radicalism. Working USA: The Journal of Labor and Society · 1089 – 7011 · Volume 17 · December 2014 · pp. 597 – 603.

［9］ First International. Socialism and Democracy, 28: 2, pp. 107 – 114.

［10］ George C. Comninel Marx and the Politics of the First International，Socialism and Democracy，08 Aug 2014. 63.

[11] Marcello Musto. Notes on the History of the International. Socialism and Democracy，2014. Vol. 28，No. 2，5 – 38.

[12] Marxism Versus Anarchism：the First Encounter. Science & Society，Vol. 79，No. 2，April 2015，153 – 175.

[13] Ricardo Antunes. The International Working Class in 1864 and Today. Socialism and Democracy，2014. Vol. 28，No. 2，131 – 142.

[14] Socialist Parties. Columbia Electronic Encyclopedia，6th Edition. Q2 2016，pp. 1 – 3.

[15] Vesa Oittinen，On the Legacy of the International Working Men's Association After 150 Years，Monthly Review. 2015. A pril. 30.

[16] Jeannene M. Przyblyski. Revolution at a Standstill：Photography and the Paris Commune of 1871. Yale French Studies，No. 101，Fragments of Revolution（2001），pp. 54 – 78.

中文图书

[1]《马克思恩格斯全集》（第 11 卷），人民出版社，1962。

[2]《马克思恩格斯全集》（第 15 卷），人民出版社，1963。

[3]《马克思恩格斯全集》（第 16 卷），人民出版社，1964。

[4]《马克思恩格斯全集》（第 17 卷），人民出版社，1963。

[5]《马克思恩格斯全集》（第 18 卷），人民出版社，1964。

[6]《马克思恩格斯全集》（第 19 卷），人民出版社，1963。

[7]《马克思恩格斯全集》（第 21 卷），人民出版社，2003。

[8]《马克思恩格斯全集》（第 25 卷），人民出版社，2001。

[9]《马克思恩格斯全集》（第 29 卷），人民出版社，2020。

[10]《马克思恩格斯全集》（第 31 卷），人民出版社，1972。

［11］《马克思恩格斯全集》（第 33 卷），人民出版社，1973。

［12］《马克思恩格斯文集》（第 1 卷），人民出版社，2009。

［13］《马克思恩格斯文集》（第 2 卷），人民出版社，2009。

［14］《马克思恩格斯文集》（第 3 卷），人民出版社，2009。

［15］《马克思恩格斯文集》（第 4 卷），人民出版社，2009。

［16］《马克思恩格斯文集》（第 10 卷），人民出版社，2009。

［17］《马克思恩格斯选集》（第 1 卷），人民出版社，2012。

［18］《马克思恩格斯选集》（第 3 卷），人民出版社，2012。

［19］《马克思恩格斯选集》（第 4 卷），人民出版社，2012。

［20］马克思、恩格斯：《共产党宣言》，人民出版社，2009。

［21］《列宁全集》（第 16 卷），人民出版社，2017。

［22］《列宁全集》（第 26 卷），人民出版社，2017。

［23］《列宁全集》（第 36 卷），人民出版社，2017。

［24］《列宁全集》（第 58 卷），人民出版社，1990。

［25］《列宁选集》（第 3 卷），人民出版社，2012。

［26］习近平：《在庆祝中国共产党成立 100 周年大会上的讲话》，人民出版社，2021。

［27］〔德〕艾米尔·路德维希：《林肯》，夏晗译，当代中国出版社，2014。

［28］〔德〕弗·梅林：《马克思传》，樊集译、持平校，人民出版社，1965。

［29］〔德〕弗·梅林：《德国社会民主党史》，青载繁译，生活·读书·新知三联书店，1973。

［30］〔德〕耶克：《第一国际史》，张文焕译，生活·读书·新知三联书店，1964。

［31］〔法〕普·利沙加勒：《一八七一年公社史》，柯新译，人民

出版社，1962。

[32] 〔法〕维克多·布奈尔：《巴黎公社公报集（第一集）》，李平沤、狄玉明译，商务印书馆，2013。

[33] 〔法〕维克多·布奈尔：《巴黎公社公报集（第二集）》，李平沤、狄玉明译，商务印书馆，2013。

[34] 〔美〕福斯特：《三个国际的历史》，李澣译，人民出版社，1959。

[35] 〔美〕卡尔·桑德堡：《林肯传》，云京译，生活·读书·新知三联书店，1978。

[36] 〔美〕明斯编《第一国际的建立：文件集》，王庆成译，生活·读书·新知三联书店，1963。

[37] 〔美〕塞缪尔·P. 亨廷顿：《变化社会中的政治秩序》，王冠华、刘为等译，生活·读书·新知三联书店，1989。

[38] 〔苏〕阿多拉茨基：《阿多拉茨基选集》，石柱译，生活·读书·新知三联书店，1964。

[39] 〔苏〕阿多拉茨基主编《第一国际巴塞尔代表大会》，张文焕译，中国人民大学出版社，1983。

[40] 〔苏〕巴赫：《第一国际》，葆煦译，人民出版社，1954。

[41] 〔苏〕巴赫、戈尔曼、库尼娜编《第一国际：第一卷（1864～1870年）》，杭州大学外语系俄语翻译组译，生活·读书·新知三联书店，1980。

[42] 〔苏〕巴赫、戈尔曼、库尼娜编《第一国际：第二卷（1870～1876年）》，山东师范学院外语系俄语教研室译，生活·读书·新知三联书店，1981。

[43] 〔苏〕巴赫主编《第一国际和巴黎公社——文件资料》（上下册），杭州大学外语系俄语翻译组译，生活·读书·新知三联书店，1978。

［44］〔苏〕G. M. Stekloff：《第一国际史》，吴树仁、张伯箴译，神州国光社，1930。

［45］〔苏〕克利沃古斯、斯切茨凯维奇：《第一国际和第二国际简史》，中国人民大学编译室译，生活·读书·新知三联书店，1960。

［46］〔苏〕伊·布拉斯拉夫斯基编《第一国际第二国际历史资料：第一国际》，中国人民大学编译室译，生活·读书·新知三联书店，1964。

［47］〔苏〕尤·米·斯切克洛夫：《第一国际》，刘永鑫、余克柔译，生活·读书·新知三联书店，1974。

［48］〔英〕德尼兹·加亚尔、〔法〕贝尔纳代特·德尚、〔法〕J. 阿尔德伯特等：《欧洲史》，蔡鸿滨、桂裕芳译，海南出版社，2000。

［49］〔以〕S. N. 艾森斯塔德：《现代化：抗拒与变迁》，张旅平、沈原、陈育国、迟刚毅译，中国人民大学出版社，1988。

［50］董云虎：《人权大宪章》，中共中央党校出版社，2010。

［51］高放等：《三个国际论丛》，东北师范大学出版社，1989。

［52］高放等：《三个国际的历史》，中国青年出版社，1999。

［53］高放主编《社会主义大辞典》，河南人民出版社，1988。

［54］《国际共产主义运动史文献》编辑委员会编译《第一国际总委员会会议记录：1864～1866和1865年伦敦代表会议记录》，中国人民大学出版社，1986。

［55］《国际共产主义运动史文献》编辑委员会编译《第一国际总委员会会议记录：1871～1872》，中国人民大学出版社，1988。

［56］顾锦屏主编《第一国际伦敦代表会议文件 1871.9.17～23》，

中国人民大学出版社，1999。

[57] 何海波：《人权二十讲》，天津人民出版社，2008。

[58] 《建党以来重要文献选编（1921～1949）》（第十五册），中央文献出版社，2011。

[59] 李铁映：《论民主》，人民出版社、中国社会科学出版社，2001。

[60] 钱乘旦：《英国通史》（第5卷），江苏人民出版社，2016。

[61] 苏联共产党中央委员会马克思、恩格斯、列宁学院编《巴黎公社时期的第一国际总委员会会议录》，华东师范大学历史系世界近代现代史教研组翻译组译，华东师范大学出版社，1958。

[62] 苏联科学院国际工人研究所编《国际工人运动历史和理论问题》（第一卷），彭质纯、罗岭、邱榆若译，工人出版社，1988。

[63] 王学东主编《国际共产主义运动历史文献第5卷（第一国际总委员会文献1864～1867）》，中央编译出版社，2011。

[64] 王学东主编《国际共产主义运动历史文献第6卷（第一国际总委员会文献1868～1869）》，中央编译出版社，2011。

[65] 王学东主编《国际共产主义运动历史文献第7卷（第一国际总委员会文献1870～1871）》，中央编译出版社，2011。

[66] 王学东主编《国际共产主义运动历史文献第8卷（第一国际总委员会文献1871～1872）》，中央编译出版社，2011。

[67] 王学东主编《国际共产主义运动历史文献第9卷（第一国际第一次日内瓦、第二次洛桑代表大会文献）》，中央编译出版社，2013。

[68] 王学东主编《国际共产主义运动历史文献第10卷（第一国际第三次布鲁塞尔、第四次巴塞尔代表大会文献）》，中央编译出版社，2015。

［69］王学东主编《国际共产主义运动历史文献第 12 卷（第一国际第五次海牙代表大会文献）》，中央编译出版社，2011。

［70］王学东主编《国际共产主义运动历史文献第 13 卷（第一国际第六次日内瓦代表大会文献）》，中央编译出版社，2015。

［71］徐彬：《抗日战争时期中国共产党政治动员研究》，中国社会科学出版社，2013。

［72］《一八一五～一八七〇年的英国》，张芝联选译，商务印书馆，1961。

［73］于建嵘：《岳村政治：转型期中国乡村政治结构的变迁》，商务印书馆，2001。

［74］阎照祥：《英国政治制度史》，人民出版社，2012。

［75］中国人民大学马克思列宁主义教研室编《国际共产主义运动史资料汇编之三：第一国际》，中国人民大学出版社，1959。

［76］中国人民解放军军事科学院编《马克思恩格斯列宁斯大林军事文选》，中国人民解放军军事科学院出版社，1977。

［77］中共中央马克思恩格斯列宁斯大林著作编译局编《马克思恩格斯列宁斯大林论巴黎公社》，人民出版社，1971。

［78］张汉清：《马克思、恩格斯与第一国际》，东北师范大学出版社，1996。

［79］张友伦：《第一国际》，商务印书馆，1971。

学位论文

［1］滕育栋：《"利益共生体"：从成型到分流——第一国际时期机关报的结构转型（1864～1872）》，硕士学位论文，复旦大学，2010。

［2］滕育栋：《报纸与革命——第一国际机关报研究（1864～1872

年)》，博士学位论文，复旦大学，2014。

会议论文

[1] 汤润千：《关于第一国际成立大会的几个问题》，载《河北省历史学会第三届年会史学论文集》，1983。

[2] 韦定广：《"第一国际"为什么会解散?》，《中国国际共运史学会 2007 年年会暨学术研讨会论文集》，2007。

中文报纸

[1] 《中共中央关于党的百年奋斗重大成就和历史经验的决议》（2021 年 11 月 11 日中国共产党第十九届中央委员会第六次全体会议通过），《人民日报》2021 年 11 月 17 日。

中文期刊

[1] 习近平：《在中央人大工作会议上的讲话》，《求是》2022 年第 5 期。

[2] 《第一国际》，《新中华》1936 年第 8 期。

[3] 《第一国际时期马克思主义反对普鲁东和巴枯宁主义的斗争——纪念第一国际成立一百周年》，《史学月刊》1964 年第 10 期。

[4] 《什么是第一国际、第二国际和第三国际》，《新华月报》1949 年第 1 期。

[5] 《第一国际》，《解放》1940 年第 96 期。

[6] 《第一国际收支不平衡的程度锐进》，《益文月刊》1933 年第 1 期。

[7] 《从第一国际到第三国际》，《群众》1943 年第 9 期。

[8] R. 黑克尔、朱毅：《"正确位置上的正确人选"——记马克思

在第一国际工人协会中的活动》，《马克思主义与现实》2015年第 1 期。

[9]　B. Э. 库尼娜、张文焕：《马克思恩格斯在第一国际时期对无产阶级政党组织原则的制定（1864～1873)》，《当代世界与社会主义》1985 年第 3 期。

[10]　曹特金：《马克思与第一国际总委员会——纪念第一国际成立一百二十周年》，《世界历史》1984 年第 4 期。

[11]　曹长盛、张世鹏：《德国社会民主工党加入了第一国际》，《天津师范大学学报》1984 年第 6 期。

[12]　曹长盛、张世鹏：《第一国际与德国社会民主工党的建立》，《信阳师范学院学报》1984 年第 4 期。

[13]　陈力丹：《国际邮政、海底电缆与第一国际》，《新闻界》2014 年第 9 期。

[14]　陈仁坤：《第一国际是如何对待普法战争的》，《历史学习》2001 年第 5 期。

[15]　承中：《布朗基与第一国际》，《当代世界与社会主义》1983 年第 2 期。

[16]　程人乾：《第一国际与民族解放运动》，《山西大学学报》1978 年第 1 期。

[17]　程人乾：《第一国际与民族解放运动——评〈国际共产主义运动史〉第三章的有关论述》，《历史教学》1979 年第 11 期。

[18]　杜康传：《高放教授对第一国际的定性、定位和经验概括光芒四射》，《中国延安干部学院学报》2014 年第 4 期。

[19]　符文洋：《英国工人运动与第一国际》，《开封教育学院学报》1990 年第 3 期。

[20]　盖艳梅：《第一国际的纲领性文件——〈国际工人协会共同

章程〉思想要义》，《前线》2015 年第 5 期。

[21] 冈·维索茨基、赵小军：《第一国际总委员会委员哈里埃特·罗和她写的马克思小传》，《当代世界与社会主义》1986 年第 1 期。

[22] 高朝明：《恩格斯与第一国际》，《新疆大学学报》1988 年第 4 期。

[23] 高放：《第一个政党性的国际工人组织——第一国际光芒四射》，《中国延安干部学院学报》2014 年第 1 期。

[24] 葛斯：《倍倍尔与第一国际》，《当代世界与社会主义》1985 年第 2 期。

[25] 葛锡有：《第一国际时期马克思对无产阶级专政理论的贡献》，《武汉师范学院学报》1982 年第 3 期。

[26] 巩云思：《怎样认识和评价第一国际的主要任务和历史作用?》，《教学与研究》1983 年第 1 期。

[27] 关勋夏：《马克思在第一国际创立时期反对机会主义的斗争》，《学术研究》1964 年第 Z1 期。

[28] 管敬绪：《第一国际时期马克思恩格斯反对无政府主义的斗争》，《历史教学》1963 年第 3 期。

[29] 郭华榕：《第一国际法国组织与法庭的较量》，《河南大学学报》1993 年第 1 期。

[30] 郭庆仕：《第一国际后恩格斯关于国际工人运动实践经验的基本总结》，《马克思主义研究》1985 年第 1 期。

[31] 郭芷材：《第一国际处理党际关系的原则及现实意义》，《上海社会主义学院学报》2015 年第 4 期。

[32] 侯文富：《第一国际史研究的全新成果——读〈马克思、恩格斯与第一国际〉》，《马克思主义研究》1997 年第 6 期。

[33] 胡文建:《第一国际史著作概述（从十九世纪六十年代至二十世纪初)》,《当代世界与社会主义》1985 年第 1 期。

[34] 黄安淼:《左尔格和第一国际的最后四年》,《教学与研究》1982 年第 4 期。

[35] 黄俊:《第一国际在处理工人运动中不同流派之间关系的历史经验浅论》,《社会科学》1985 年第 4 期。

[36] 黄帅:《恩格斯对第一国际的独立贡献》,《江西社会科学》2015 年第 7 期。

[37] 黄帅:《第一国际与巴黎公社的诞生》,《求索》2017 年第 3 期。

[38] 焦文峰:《第一国际和巴黎公社》,《扬州师院学报》1990 年第 2 期。

[39] 卡尔·马克思:《1872 年夏总委员会批准的国际工人协会共同章程和组织条例草案》,《国外社会科学》1981 年第 7 期。

[40] 孔繁锦、林康裕、李冠乾:《第一国际时期马克思主义者对各种非无产阶级社会主义流派斗争的策略——兼评〈国际共产主义运动史简要读本〉第二章中关于第一国际部分》,《中山大学学报》1982 年第 3 期。

[41] 李纯武:《第一国际与巴黎公社》,《历史教学》1956 年第 11 期。

[42] 李贯前:《略论第一国际的历史经验》,《海南大学学报》（社会科学版）1986 年第 3 期。

[43] 李景行:《国际工人协会性质初探》,《郑州大学学报》1986 年第 5 期。

[44] 李景行:《国际工人协会奠定了工人运动的社会主义基础——纪念国际工人协会成立 120 周年》,《郑州大学学报》1984 年

第 3 期。

［45］李景治：《第一国际》，《湖南党史月刊》1992 年第 6 期。

［46］李靖宇：《第一国际在组织方面的经验值得借鉴》，《东北师大学报》1986 年第 1 期。

［47］李明新：《坚持无产阶级国际主义团结的典范——纪念第一国际成立 120 周年》，《安徽大学学报》1984 年第 4 期。

［48］李征平：《马克思恩格斯反对蒲鲁东主义和巴枯宁主义的斗争——纪念第一国际成立 100 周年》，《西北师大学报》1964 年第 2 期。

［49］李洙燮：《马克思关于第一国际的统一战线策略思想——纪念第一国际成立 120 周年》，《延边大学学报》1984 年第 3 期。

［50］廖谨慎、周存诚：《第一国际时期马克思恩格斯关于民族运动的几个重要思想》，《中南民族学院学报》（哲学社会科学版）1985 年第 1 期。

［51］林康裕、李冠乾：《第一国际时期马克思反对各种社会主义流派的斗争策略》，《历史教学》1983 年第 1 期。

［52］林一岚：《第一国际在世界社会主义运动史上的贡献——访中国国际共运史学会原副会长高放教授》，《上海党史与党建》2014 年第 11 期。

［53］刘锡让：《第一国际的精神产儿——巴黎公社》，《宝鸡师院学报》1985 年第 1 期。

［54］刘昫献：《试论巴黎公社是第一国际的精神产儿》，《史学月刊》1985 年第 3 期。

［55］刘仲敬：《马克思和第一国际的故事》，《小康》2015 年第 21 期。

［56］鲁兰沁：《第一国际时期马克思团结统一各国工人组织的策略初探》，《齐齐哈尔大学学报》1984 年第 4 期。

［57］陆镜生：《第一国际在美国的几点历史教训》，《兰州学刊》1982 年第 4 期。

［58］陆玉芬、龚灿豪：《第一国际》（教案），《历史教学问题》1985 年第 5 期。

［59］雒树刚：《马克思、恩格斯在共产主义者同盟到第一国际时期对党的组织原则的发展》，《科学社会主义》1985 年第 2 期。

［60］吕进人：《正确理解第一国际内部的斗争》，《南京师大学报》1985 年第 1 期。

［61］马塞尔·范·戴尔·林登、吕殿祥：《第一国际的衰落为何是不可避免的?》，《中共中央党校学报》1990 年第 1 期。

［62］马婉如：《关于第一国际时期的英国工联》，《青海民族学院学报》1985 年第 3 期。

［63］孟全生：《第一国际总委员会迁往美国的原因及其活动情况》，《中国民航学院学报》1984 年第 1 期。

［64］苗钱森、陈军：《第一国际期间马克思的历史作用》，《北方论丛》2001 年第 4 期。

［65］潘润涵：《巴黎公社时期的第一国际》，《历史教学》1964 年第 6 期。

［66］齐思和、齐文颖：《世界历史参考图片（四）——第一国际》，《历史教学》1979 年第 4 期。

［67］齐同春：《继承和发扬第一国际的优良传统与作风》，《河南大学学报》1984 年第 6 期。

［68］祁绍征：《试论第一国际的组织性质》，《齐齐哈尔师范学院

学报》1988 年第 3 期。

[69] 乔哲青：《浅论第一国际时期马克思主义者同工联在波兰问题上的合作》，《史学月刊》1986 年第 4 期。

[70] 乔境蜇：《改革开放四十年来第一国际研究综述》，《聊城大学学报》2019 年第 2 期。

[71] 青水：《〈马克思恩格斯与第一国际〉一书出版》，《国际政治研究》1997 年第 4 期。

[72] 若·奥普特、唐春华：《从第一国际到第二国际》，《当代世界与社会主义》1986 年第 3 期。

[73] 施荫昌：《第一国际史研究中的几个问题》，《青海社会科学》1983 年第 1 期。

[74] 施荫昌：《试论工联在第一国际中的活动和作用》，《江汉论坛》1980 年第 3 期。

[75] 舒信：《纪念第一国际成立 120 周年学术讨论会在我校召开》，《西北大学学报》1985 年第 1 期。

[76] 孙景峰：《第一国际召开过三次代表会议》，《湖州师专学报》1989 年第 1 期。

[77] 孙勇：《关于第一国际时期马克思团结统一各国工人组织的策略》，《青海师范大学学报》1985 年第 2 期。

[78] 孙勇胜：《第一国际是怎样成为世界"第七强国"的》，《青海师范大学学报》1987 年第 2 期。

[79] 孙勇胜：《论马克思在第一国际时期团结和统一各国工人组织的策略》，《青海社会科学》1984 年第 5 期。

[80] 檀雪菲、王丽娟：《试论第一国际期间马克思的历史作用》，《理论探讨》1998 年第 2 期。

[81] 汤润千：《恩格斯在第一国际创建时期的贡献》，《国际共运

史研究》1990 年第 4 期。

[82] 汤润千:《伦敦德意志工人共产主义教育协会和第一国际》,《当代世界与社会主义》1983 年第 3 期。

[83] 田梓武:《马克思在第一国际中的地位和作用》,《四川师范大学学报》1983 年第 1 期。

[84] 童建挺:《新中国成立以来的第一国际研究》,《当代世界与社会主义》2011 年第 1 期。

[85] 汪恩键:《第一国际——当年的世界第七强国》,《郑州大学学报》1985 年第 S1 期。

[86] 汪毓清、陈为汉:《关于第一国际的性质、组织原则和策略思想问题的讨论综述》,《天府新论》1985 年第 2 期。

[87] 王德泉:《第一个国际工人组织——国际工人协会》,《工会博览》2013 年第 1 期。

[88] 王光宇:《马克思与第一国际的文书档案工作》,《档案学通讯》1983 年第 4 期。

[89] 王洪楚、罗徽武、陈昌鑫:《"三要三不要"的原则是区分正确路线和错误路线的标准——学习第一国际两条路线斗争的历史经验》,《四川师范学院学报》1976 年第 Z1 期。

[90] 王庆成:《马克思和第一国际的创立》,《历史教学》1959 年第 12 期。

[91] 王韶兴:《第一国际的共产主义活动与社会主义政党政治逻辑》,《中国社会科学》2015 年第 11 期。

[92] 王向远:《巴枯宁阴谋集团是第一国际后期工人运动的主要危险》,《南都学坛》1985 年第 2 期。

[93] 王新旺:《关于第一国际解散问题的再探讨》,《社会主义研究》2011 年第 5 期。

［94］王煜：《纪念"第一国际"成立一二〇周年学术讨论会在西安举行》，《马克思主义研究》1985 年第 1 期。

［95］王云霞：《〈共产党宣言〉的诞生与第一国际的伟大实践》，《留学生》2015 年第 9 期。

［96］王兆铮、何孝瑛：《第一国际与国际主义——纪念第一国际成立一百周年》，《教学与研究》1964 年第 5 期。

［97］威廉·艾希霍夫、闻坚、仁祥、志军：《国际工人协会——它的创立、组织、政治社会活动和扩展》，《国际共运史研究资料》1985 年第 1 期。

［98］韦定广：《"第一国际"为什么会解散?》，《社会主义研究》2008 年第 1 期。

［99］魏成德：《试谈第一国际的伟大功绩》，《青海师范大学学报》1986 年第 2 期。

［100］魏承均、范佩伟：《第一国际时期各个机会主义的特点》，《安徽师范大学学报》1981 年第 1 期。

［101］魏承均、汪青松：《第一国际从潜在向实在的共产主义政党的发展》，《安徽师范大学学报》1985 年第 2 期。

［102］吴家宝：《恩格斯在第一国际史上的地位和功绩》，《杭州师院学报》1985 年第 4 期。

［103］吴惕安：《国际工人协会的一个重要文献》，《国外社会科学》1981 年第 7 期。

［104］吴越：《学习〈国际工人协会共同章程〉的权利义务观》，《科社研究》1983 年第 2 期。

［105］谢素贞：《第一国际迁到美国后的活动》，《洛阳工学院学报》2002 年第 2 期。

［106］徐炽庆、王文超、陈正光：《第一国际时期马克思、恩格斯反

对各种机会主义的斗争——纪念第一国际成立一百周年》，《江西师范大学学报》1964 年第 2 期。

[107] 徐胜希：《第一国际内部马克思主义者同各社会主义流派团结与斗争的关系》，《天津师大学报》1985 年第 2 期。

[108] 杨惠卿：《第一国际的历史决不只是反对各种机会主义的斗争》，《菏泽师专学报》1988 年第 2 期。

[109] 杨威理：《在第一国际时期马克思和恩格斯反对巴枯宁主义的斗争》，《历史研究》1958 年第 10 期。

[110] 亦平：《第一国际建立的历史背景及其意义》，《历史教学》1958 年第 10 期。

[111] 张汉清：《第一国际时期马克思主义关于无产阶级革命论的发展》，《国际政治研究》1985 年第 1 期。

[112] 张汉清：《马克思在第一国际中的地位和作用》，《北京大学学报》1983 年第 1 期。

[113] 张汉清：《马克思主义在第一国际时期的传播和发展》，《国际政治研究》1985 年第 2 期。

[114] 张文焕：《第一国际关于所有制问题的辩论》，《当代世界与社会主义》1985 年第 1 期。

[115] 张文焕：《第一国际史研究中的几个问题》，《当代世界与社会主义》1982 年第 4 期。

[116] 张文焕：《第一国际史研究中的几个问题（续）》，《当代世界与社会主义》1983 年第 1 期。

[117] 张友伦：《第一国际美国各支部的建立和分裂》，《当代世界与社会主义》1985 年第 3 期。

[118] 张友伦：《第一国际纽约总委员会和北美联合会的关系及其主要活动》，《当代世界与社会主义》1986 年第 1 期。

［119］ 赵祥瑞：《第一国际不是无产阶级政党的组织吗?》，《青海民族学院学报》1985 年第 3 期。

［120］ 赵永华、李璐：《国际工人协会机关报〈共和国〉》，《新闻界》2013 年第 13 期。

［121］ 赵永清：《普法战争中的第一国际和德国社会民主党》，《江苏社会科学》1991 年第 1 期。

［122］ 赵育生、余汉熙：《原则坚定性和策略灵活性相结合的典范——马克思在第一国际的活动》，《华南师范大学学报》1985 年第 1 期。

［123］ 肇龙、达强：《马克思与第一国际的纲领和章程》，《教学与研究》1980 年第 5 期。

［124］ 郑之时：《马克思恩格斯有关第一国际的言论（语录）》，《教学与研究》1964 年第 5 期。

［125］ 周呈芳：《马克思和恩格斯在第一国际中反对英国工联主义的斗争》，《内蒙古大学学报》1980 年第 Z1 期。

［126］ 周志军、刘怀璋：《第一国际时期德国工人运动史文件》，《当代世界与社会主义》1988 年第 1 期。

［127］ 朱健安：《第一国际关于所有权和经营权可以分离的思想值得注意》，《教学与研究》1987 年第 6 期。

［128］ 曾国良：《马克思如何起草第一国际的成立宣言和章程》，《中南民族大学学报》1988 年第 5 期。

后　记

　　笔者于 2014 年 9 月至 2017 年 6 月就读于中国人民大学国际关系学院，师从著名学者、政治学家、中国人民大学荣誉一级教授高放先生学习科学社会主义与国际共产主义运动专业，有幸成为高老师指导的第 23 个博士生，也是他的"关门弟子"。本书是在自己的博士论文《第一国际总委员会研究》基础上修改完成的。

　　时光荏苒，岁月如梭。2014 年 6 月，在收到中国人民大学博士研究生录取通知书之后，第一次登门拜访高放教授。恩师的寓所并不宽绰，四壁均是藏书。此时高老师正在接通电话，似乎是一位晚辈正向他请教学术问题，通话时间很长，高老师依旧给予了耐心而又全面的讲解。通话结束，高老师询问了我的基本情况，我们进行了愉快又交心的长谈。我被眼前这位鹤发童颜、精神矍铄、善良慈祥的长者深深折服。这一次的见面开启了我们师生之缘的大门。

　　初次见面的促膝长谈，恩师鼓励我认真学习科社共运，教导我勤奋踏实做学问，期许我深入研究第一国际。他说："社会主义学是一门首要、首广、首难、首险、首选和众人首爱的科学。集思广益、众志成城，马克思主义社会主义学、科学社会主义一定会取得丰硕的成果，为中国特色社会主义和世界社会主义的伟大事业提供智力支持。"为此，我们年轻一代更要认真学习、深入钻研，将这门科学更好地传承、延续下去。我向高老师述说了自己专业基础薄弱的忧虑，恩师听后并没有生气，而是耐下心来语重心长地对我说："治学关键在于勤。这里的'勤'包括五个方面，分别是勤学习、勤积累、勤思考、勤讲课和勤写作。"高放教授鼓励我不要担心、不要畏惧，要具备迎难而上、不怕困难的坚毅品格，坚持"五勤"，刻苦学习、努力钻研，终会有所收获。在高老师的鼓励和帮助下，之前的漫漫愁雾早已随风散去。我也将恩师传授给我的"治学成功的秘笈"视为铭记终生的珍宝。第一次见面，高老师就道出了日后希望我能研究"第一国际"的期许。

2014 年 9 月，我在博士入学之后又多次拜访高老师。之前不解恩师为何如此"心有专注""情有独钟"地钟爱"第一国际"，后来渐渐找到了答案。恩师虽已是耄耋之年，但仍然密切关注着国际工人运动的发展。第一国际作为世界上第一个政党性的国际工人组织，它将无产阶级革命运动推向了建立无产阶级政权的新高度，也将被压迫民族的解放斗争与世界无产阶级革命紧密地联系了起来，在当时获得了世界"第七强国"的地位。第一国际存在期间，爆发了巴黎公社革命，建立了世界上第一个无产阶级政权，在世界社会主义运动史上谱写了光辉灿烂的一页。当前研究"第一国际"对于建设中国特色社会主义事业仍然具有重大的理论价值与现实意义。经过与高老师的多次商议，我选择在博士期间主攻"第一国际"研究，这也成为打开笔者学术生涯的第一把金钥匙。

在高老师帮助下，我有幸得到了国内外出版的与"第一国际"相关的珍藏版书籍，涉及千万余字。入学前，我阅读了有关"第一国际"的部分文献资料。从这些书籍和材料中，开始对"第一国际"产生了浓厚的研究兴趣。恩师为我提供的有关"第一国际"的全套资料之中，包括由王学东教授主编、中央编译出版社出版的

《国际共产主义运动历史文献》，其中几乎涵盖了第一国际全部的文献档案，译文准确，弥足珍贵，这些资料为本书的写作提供了重要支撑。通过对一手资料的认真阅读、梳理和查阅，进而转向深入研究、思考和分析，我也从一无所知逐步渐入佳境。在恩师的指导和帮助下，我先后发表了 2 篇阶段性成果。一篇是发表在《江西社会科学》2015 年第 7 期上的《恩格斯对第一国际的独立贡献》，另一篇是发表在《求索》2017 年第 3 期上的《第一国际与巴黎公社的诞生》。可以说，高老师是手把手教我做学问。从搜集文献，到史料的筛选、甄别、整理、考证和使用，每一步都倾注了太多的心血。恩师经常教导我选用史料要去伪存真、去粗取精、披沙拣金，研究过程要以史为鉴、论从史出、史论结合，研究结果要古为今用、以史论今、援古证今。高老师循循善诱、教导有方，我又在《探索》2016 年第 4 期上发表了《莫尔的乌托邦社会主义理想及其时代价值和启示——纪念〈乌托邦〉问世暨世界社会主义 500 周年》一文，从起源上熟悉世界社会主义 500 年。随后，协助恩师完成了从宏观、中观、微观三个维度漫谈《乌托邦》，先后发表了《从"乌托邦"到"科托邦"的飞跃——高放教授访谈录》（《探索与争鸣》2016 年第 9 期）、《〈乌托邦〉细节轶事考辨——访高放教授》（《社会主义研究》2016 年第 5 期）、《〈乌托邦〉与当代世界和中国——著名学者高放教授访谈录》（《当代世界社会主义问题》2016 年第 4 期）三篇对话录。2017 年 5 月 16 日，学生不负恩师期望，顺利完成了博士毕业论文（《第一国际总委员会研究》）的答辩工作，博士阶段的学业也画上了一个完满的句号。2017 年 9 月，我如愿进入了中国工会干部培训的最高学府——中国劳动关系学院工作，主要从事国际工运理论与实践的相关教学和科研工作。

在此特别感谢我的导师高放教授，感谢他始终无私地指点我、帮助我完成"第一国际"的研究。虽然已然仙逝的高老师未能见到本书的出版，但我相信《世界社会主义运动史的光辉一页：第一国际总委员会（1864～1876）》一书的出版是告慰导师最好的方式。感谢我的博士后合作导师山东大学王韶兴教授对书稿的完善提出了许多宝贵的意见，并给予了我对未来学术研究的信心和勇气。感谢中国政法大学马克思主义学院吴韵曦副教授、西北大学公共管理学院卫知唤博士为本书的撰写提供了很多帮助。感谢我的父母对笔者研究的充分理解，感谢我的丈夫李方正博士对笔者研究的鼎力支持。感谢笔者单位中国劳动关系学院对本书出版提供的资助和支持。感谢社会科学文献出版社的任文武老师、刘如东老师为本书的编辑工作付出的努力，使得本书的质量得以提高。

由于本人能力有限、功底不足，书中可能存在不少不足之处，欢迎专家学者和广大读者批评指正，以助于提高本人关于世界社会主义运动史的研究水平和认识能力。

黄　帅

2022 年秋于北京胡桃园

图书在版编目（CIP）数据

世界社会主义运动史的光辉一页：第一国际总委员
会：1864~1876／黄帅著. -- 北京：社会科学文献出
版社，2023.5
（中国劳动关系学院青年学者文库）
ISBN 978 - 7 - 5228 - 1655 - 5

Ⅰ.①世…　Ⅱ.①黄…　Ⅲ.①第一国际 - 研究　Ⅳ.
①D12

中国国家版本馆 CIP 数据核字（2023）第 070332 号

中国劳动关系学院青年学者文库
世界社会主义运动史的光辉一页：第一国际总委员会（1864~1876）

著　　者／黄　帅

出 版 人／王利民
组稿编辑／任文武
责任编辑／刘如东
责任印制／王京美

出　　版／社会科学文献出版社·城市和绿色发展分社（010）59367143
　　　　　　地址：北京市北三环中路甲 29 号院华龙大厦　邮编：100029
　　　　　　网址：www. ssap. com. cn
发　　行／社会科学文献出版社（010）59367028
印　　装／三河市东方印刷有限公司

规　　格／开　本：787mm × 1092mm　1/16
　　　　　　印　张：13.75　字　数：170 千字
版　　次／2023 年 5 月第 1 版　2023 年 5 月第 1 次印刷
书　　号／ISBN 978 - 7 - 5228 - 1655 - 5
定　　价／88.00 元

读者服务电话：4008918866